ALFRED MAYDORN

100 %
MIT AKTIEN

| SO FINDEN SIE DIE KURS-VERDOPPLER VON MORGEN

BÖRSENBUCHVERLAG

© Copyright 2011:
Börsenmedien AG, Kulmbach

Gestaltung und Satz: Jürgen Hetz, denksportler Grafikmanufaktur,
Johanna Wack, Börsenmedien AG
Lektorat: Claus Rosenkranz
Druck: Bercker Graphischer Betrieb GmbH & Co. KG

ISBN 978-3-942888-49-3

Alle Rechte der Verbreitung, auch die des auszugsweisen Nachdrucks,
der fotomechanischen Wiedergabe und der Verwertung durch Datenbanken
oder ähnliche Einrichtungen vorbehalten.

Bibliografische Information der Deutschen Nationalbibliothek:
Die Deutsche Nationalbibliothek verzeichnet diese Publikation in der
Deutschen Nationalbibliografie; detaillierte bibliografische Daten
sind im Internet über <http://dnb.d-nb.de> abrufbar.

Postfach 1449 • 95305 Kulmbach
Tel: +49 9221 9051-0 • Fax: +49 9221 9051-4444
E-Mail: buecher@boersenmedien.de
www.boersenbuchverlag.de

FÜR BARBARA UND WOLFGANG

INHALT

100% MIT AKTIEN

9   **VORWORT**

15   **KAPITEL EINS**
JEDE MENGE HOCHPROZENTIGES

35   **KAPITEL ZWEI**
AKTIEN FÜR ALLE

45   **KAPITEL DREI**
OHNE WACHSTUM GEHT NICHTS

61   **KAPITEL VIER**
INEFFIZIENZEN, GIER, ANGST, BLASEN

71   **KAPITEL FÜNF**
AKTIENANALYSE: GUT UND GÜNSTIG SOLL ES SEIN

85	**KAPITEL SECHS**
	VERLUSTE – UNVERMEIDBAR, ABER HALB SO SCHLIMM

97	**KAPITEL SIEBEN**
	GEWINNE – AUF DIE GRÖSSE KOMMT ES AN

105	**KAPITEL ACHT**
	PRIVATE SIND BESSER ALS PROFIS

113	**KAPITEL NEUN**
	MIT DEN BESTEN EMPFEHLUNGEN

121	**KAPITEL ZEHN**
	SO HEBELN SIE SICH ARM

131	**KAPITEL ELF**
	ÜBER MICH, DEN DAX – UND KAFFEE MAL GANZ ANDERS

149	**DANKSAGUNG**

VORWORT | 100% MIT AKTIEN

Herzlichen Glückwunsch zum Kauf dieses Buches – und wenn Sie es geschenkt bekommen haben, dann schöne Grüße an den Schenker. Sie gehören also auch zu den Neugierigen, die wissen wollen, wie man 100 Prozent mit Aktien verdienen kann. Aber sicherlich sind Sie durchaus etwas skeptisch, ob der Titel wirklich halten kann, was er verspricht. Irgendwie klingen „100 Prozent" doch etwas sehr dick aufgetragen. Aber ehrlich gesagt hätten auf dem Buchcover auch ganz andere Zahlen stehen können: Etwa 300 Prozent, 500 Prozent oder sogar 5.000 Prozent. Auch solche Renditen lassen sich mit Aktien erzielen, wie Sie im weiteren Verlauf dieses Buches erfahren werden. Aber für einen Buchtitel sind 100 Prozent zweifellos schon eine ordentliche „Hausnummer". Obwohl diese Zahl allein natürlich wenig aussagekräftig ist. Insbesondere im Finanzbereich gehört zu einer Prozentzahl zwingend eine Zeitangabe. Eine Rendite von 100 Prozent mit einer Aktie innerhalb von zehn Jahren reißt nun wirklich niemanden vom Hocker – aufs Jahr gerechnet entspricht das gerade einmal gut sieben Prozent. Klar, besser als auf dem Sparbuch, aber für Risikopapiere wie Aktien doch ein wenig läppisch. Ganz anders sieht es aus, wenn man den Zeithorizont auf zwölf Monate verkürzt. Dann sind 100 Prozent Kursgewinn alles andere als alltäglich. Gleiches gilt für 800 Prozent Gewinn in zwei Jahren oder aber über 5.000 Prozent in acht Jahren. Solche Traumrenditen sind jedoch keine Hexerei. Um sie zu erzielen, benötigt man lediglich seinen gesunden Menschenverstand und ein wenig Disziplin und muss ein paar einfache Regeln beachten. Und genau diese „Kleinigkeiten" möchte ich Ihnen in diesem Buch näherbringen.

100 PROZENT SIND NICHT GENUG

Auf meinen Vorträgen frage ich regelmäßig, ob meinem Publikum ein Kursgewinn von 50 Prozent in zwölf Monaten ausreicht. Meistens meldet sich rund die Hälfte der Anwesenden, und das, obwohl der Titel des Vortrags „So finden Sie die Kursverdoppler von morgen" lautet. Anleger, die sich mit 50 Prozent Gewinn zufriedengeben, werden nie einen Verdoppler im Depot haben. Mal Hand aufs Herz, wie oft haben Sie sich schon darüber geärgert, eine Aktie zu früh verkauft zu haben? Ich gehe sogar einen Schritt weiter. Für mich sind entgangene Gewinne noch schlimmer als realisierte Kursverluste. Warum? Ganz einfach: Sie können mit einem Investment im schlimmsten Fall 100 Prozent verlieren, obwohl so etwas natürlich nicht passieren sollte und auch nicht passieren darf. Auf der anderen Seite ist Ihr Gewinnpotenzial weitaus größer als 100 Prozent. Wer eine Aktie bei plus 20 Prozent verkauft, die sich dann im weiteren Verlauf verdreifacht, dem ist ein Gewinn von satten 180 Prozent entgangen. Mit diesem Gewinn hätte man schon wieder zwei Totalverluste nahezu ausgleichen können.

Bevor Ihnen jetzt in Anbetracht der vielen Prozentzahlen schwindelig wird und Sie es gleichzeitig kaum erwarten können, wie Sie denn nun ganz einfach Ihr Geld ver-x-fachen: In diesem Buch geht es nicht nur um Gewinne. Ein wichtiger Aspekt für eine langfristig erfolgreiche Geldanlage ist auch der richtige Umgang mit Verlusten. Denn die sind leider auch bei noch so sorgfältiger Auswahl der Investments unvermeidbar. Die meisten Anleger scheitern bei ihren Investments jedoch daran, dass sie nicht in der Lage sind, Verluste zu realisieren. Kein Wunder, wer will schon zugeben, einen Fehler gemacht zu haben. Und wer will schon ein Investment mit einem Minus abschließen, wenn noch immer die Hoffnung auf eine Erholung besteht. Die Hoffnung stirbt zuletzt – ein Satz der sich für Tausende von Anlegern als extrem teuer herausgestellt hat.

WETTEN AUF DIE ZUKUNFT

Während Hoffnung sicherlich ein schlechter Ratgeber beim Handel mit Aktien ist, so sind die Begriffe Zukunft, Potenzial, Fantasie zweifellos die Kernelemente. Ich gehe sogar so weit und behaupte, dass Aktieninvestments eine Menge mit Wetten gemeinsam haben – obwohl ich für die Aussage „Die Aktie X ist eine Wette auf die Zukunft" vor Kurzem von einem Leser meines Börsenbriefes „maydornreport" einen ordentlichen Rüffel bekommen habe. Er schrieb mir, er wolle schließlich einen kompetenten Börsenprofi mit guten Aktienempfehlungen als Chefredakteur eines Börsenbriefes und keinen Wettpaten. Doch die Entwicklung von Aktienkursen ist nun einmal ebenso wenig vorhersehbar wie Sportergebnisse. Mit etwas Geschick, Erfahrung und dem erforderlichen Maß an Vorstellungskraft und Fantasie lässt sich jedoch in beiden Bereichen gutes Geld verdienen, wenngleich ich ehrlich zugeben muss, dass meine Ausflüge in die Welt der Sportwetten eigentlich regelmäßig mit „Totalverlusten" endeten. Insofern überlasse ich dieses Feld doch lieber anderen.

Letztlich sind alle Aktieninvestments „Wetten auf die Zukunft". Es geht um zukünftige, unvorhersehbare Entwicklungen von Unternehmen. Diese kann man zwar zu prognostizieren versuchen und man kann vielleicht sogar gewisse Wahrscheinlichkeiten ausrechnen, aber es bleiben viele Unsicherheitsfaktoren. Und das ist auch gut so, denn alles, was an der Börse sicher ist und was alle wissen, das ist längst im Kurs enthalten und hat somit kein Potenzial mehr, für weitere Kurssteigerungen zu sorgen. An der Börse wird in erster Linie die Zukunft gehandelt. Das macht eine Prognose eigentlich unmöglich, solange man keine funktionsfähige Glaskugel besitzt (meine ist mir leider vorgestern runtergefallen). Insofern sind im Prinzip sämtliche Börsenprognosen als unseriös zu bezeichnen. In diesem Buch möchte ich aber auch keine Prognosen abgeben, schon gar nicht darüber, welches die nächsten Aktien sind, die 100 Prozent oder mehr steigen. Allerdings möchte ich aufzeigen, wie man Aktien findet, die über ein solches Potenzial verfügen. Und das ist gar nicht so schwer, wie man zunächst denken mag. Manchmal reicht es schon, einfach mit offenen Augen durch die Welt zu gehen. Dabei entdeckt man ganz von selbst neue Wachstumsmärkte und prosperierende Unternehmen.

10.000 PROZENT UND KLEINE VERLUSTE

Hierfür gibt es zahlreiche Beispiele. Hätten Sie etwa gewusst, dass eine der erfolgreichsten Aktie der letzten Jahre die eines Kaffeerösters war, der auf Nachhaltigkeit setzt? Mit einem Kapitaleinsatz von nur 2.200 Euro wären Sie mit dieser Aktie zum Millionär geworden – in gerade einmal 13 Jahren. Und Sie waren bestimmt auch beim Internetboom Ende der 90er-Jahre dabei: Mit Yahoo konnten Sie satte 10.000 Prozent in nur vier Jahren abräumen.

Und direkt im Anschluss gab es mit der gleichen Aktie die erstklassige Chance, 95 Prozent wieder zu verlieren – in noch nicht einmal zwei Jahren. Denn auch darum geht es in diesem Buch: um Verluste. Warum Sie und ich sie nicht vermeiden können, aber wie wir sie in den Griff bekommen. Vielleicht klingt es in Anbetracht des etwas reißerischen Buchtitels ein wenig befremdlich, doch das Kapitel, in dem es um Verluste geht, ist eines der wichtigsten im gesamten Buch. Aber mal ehrlich, hätten Sie ein Börsenbuch mit dem Titel „Kleine Verluste mit Aktien" gekauft?"

So, jetzt aber genug der Vorrede und viel Spaß bei der Jagd nach 100-Prozent-Aktien.

KAPITEL EINS | JEDE MENGE HOCHPROZENTIGES

„Haben Sie schon einmal 100 Prozent mit einer Aktie verdient?" Wenn ich diese Frage auf meinen Vorträgen stelle, melden sich in der Regel in etwa die Hälfte der anwesenden Personen. Bei der Frage nach 200 Prozent Kursgewinn lichtet sich das Feld der „Outperformer" unter den Zuhörern schon recht deutlich und bei 500 Prozent Gewinn finden sich zumeist nur noch eine oder zwei Personen, die schon einmal in den Genuss einer solchen Traumrendite gekommen sind. Natürlich will ich dann auch wissen, mit welcher Aktie diese satte Performance erzielt wurde. Nicht selten bekomme ich einen Titel aus den Zeiten des Internet-Hypes und des Neuen Marktes Ende der 90er-Jahre genannt. So bekannte (und mittlerweile verbrannte) Namen deutscher Unternehmen wie EM.TV oder aber alte Internetfossilien wie AOL oder Yahoo. Zweifellos hatte sich damals eine gewaltige Spekulationsblase mit dem Geld gieriger Anleger gefüllt und es wurden zum Teil abstruse Bewertungen erreicht. Am Beispiel von Yahoo möchte ich deutlich machen, dass die atemberaubenden Kurssteigerungen bis zu einem gewissen Grad jedoch durchaus nachvollziehbar und sogar vorhersehbar waren – zumindest dann, wenn man über ein gewisses Maß an Fantasie verfügte und in der Lage war, das gewaltige Potenzial des Internets zu erkennen.

EINE FRAGE DER BEWERTUNG

Als Yahoo im April 1996 an die Börse ging, war der damals führende Internetsuchdienst am Ende des ersten Handelstages mit der stolzen Summe von fast einer Milliarde Dollar bewertet. Nicht eben wenig bei einem Jahresumsatz von gerade einmal 1,3 Millionen Dollar und Verlusten von 650.000 Dollar. Wie viel Fantasie musste man mitbringen, um sich vorstellen zu können, dass Yahoo in diese Bewertung hineinwachsen wird? Eine ganze Menge! Ich kann mich noch gut daran erinnern, dass ich zunächst die Meinung der meisten Analysten teilte und die Bewertung als geradezu astronomisch bezeichnete. Yahoo erwirtschaftete damals wie heute den Löwenanteil seiner Erlöse mit Werbung. 1996, in den Anfangstagen des Internets, war der Werbemarkt kaum existent. Dann aber fiel mir eine Studie über die zukünftige Entwicklung des Online-Werbevolumens in die Hände.

KAPITEL EINS | JEDE MENGE HOCHPROZENTIGES

Es wurde prognostiziert, dass alleine in den USA bis zum Jahr 2000 rund fünf Milliarden Dollar jährlich in Online-Werbung fließen würden. Was damals utopisch klang, stellte sich als zu konservativ heraus. Tatsächlich lag das Werbevolumen im Internet in den USA im Jahr 2000 bei über acht Milliarden Dollar. Zurück zur Ausgangslage. Meine Rechnung sah wie folgt aus: Sollte es Yahoo gelingen, sich als führendes Internetportal nur zehn Prozent dieser prognostizierten Werbeerlöse zu sichern, könnte man im Jahr 2000 Umsätze von 500 Millionen Dollar erreichen. Bei einer unterstellten Nettorendite von 30 Prozent käme man auf einen Gewinn von 150 Millionen Dollar. Würde man ein KGV (Kurs-Gewinn-Verhältnis, mehr dazu in Kapitel 5) von damals eher niedrigen 20 ansetzen, ließe sich eine Bewertung von drei Milliarden Dollar für die Aktie rechtfertigen.

500 PROZENT KURSPOTENZIAL

Während ich das Potenzial des Börsenneulings „errechnete", hatten viele Anleger Angst vor der eigenen Courage bekommen und der Börsenkurs von Yahoo hatte sich wenige Wochen nach dem Börsengang nahezu halbiert. Die Bewertung lag somit „nur" noch bei rund 500 Millionen Dollar. Für die meisten Experten war das noch immer völlig realitätsfern, doch ich fand diesen Betrag mittlerweile sogar fast günstig. Denn um meinen für das Jahr 2000 errechneten fairen Wert von drei Milliarden Dollar zu erreichen, müsste sich die Aktie von Yahoo versechsfachen. 500 Prozent Rendite innerhalb von vier Jahren – keine schlechte Perspektive. Und so empfahl ich die Aktie von Yahoo in meinem damaligen Börsenbrief „Infotechreport", den ich gerade erst wenige Wochen zuvor übernommen hatte, zum Kauf. Yahoo war eine meiner ersten „offiziellen" Aktienempfehlungen – und gleichzeitig eine der besten. Denn was sich in den kommenden Jahre abspielte, übertraf die kühnsten Prognosen der waghalsigsten Optimisten, mich eingeschlossen.
Mein Kaufkurs lag bei splitbereinigten 0,80 Dollar. Hintergrund: Seit dem Börsengang hat Yahoo insgesamt fünf Aktiensplits durchgeführt, um den Kurs optisch niedrig zu halten. Mein Kursziel für das Jahr 2000 lag also bei 4,00 Dollar. Doch so lange mussten meine Leser und ich gar nicht warten.

KAPITEL EINS | JEDE MENGE HOCHPROZENTIGES

ABBILDUNG 1.0 | YAHOO IN US-DOLLAR
APRIL 1996 BIS ENDE 1999

Schon Anfang 1998, also bereits eineinhalb Jahre nach der Empfehlung, wurde diese Marke erreicht. Und das sollte erst der Beginn eines rasanten Höhenfluges sein. Nur ein Jahr später, im Januar 1999, notierte die Aktie bei über 40 Dollar. Damit hatte sich das eingesetzte Kapital nach der „geplanten" Versechsfachung glattweg noch einmal verzehnfacht, was insgesamt einer Versechzigfachung entspricht.

WACHABLÖSUNG DURCH GOOGLE

Der Ende 1999/Anfang 2000 aufkommende Internet-Hype ließ die Aktie bis Ende 1999 dann noch auf über 100 Dollar steigen. In der Spitze hatte sich die Yahoo-Empfehlung gegenüber dem Kaufkurs von 0,80 Dollar also mehr als verhundertfacht. Oder anders ausgedrückt, die Performance lag bei über 10.000 Prozent – in weniger als vier Jahren. Dann aber platzte bekanntlich die Internetblase und die Yahoo-Aktie stürzte bis September 2001 auf nur noch fünf Dollar ab. Bis 2004 erholte sich der Kurs zwar wieder auf 40 Dollar, aber in diesem Jahr ging Konkurrent Google an die Börse und nahm Yahoo zusehends Marktanteile ab. Mitte des Jahres 2011 notiert Yahoo

ABBILDUNG	**YAHOO** IN US-DOLLAR
1.1	**APRIL 1996 BIS JUNI 2011**

bei knapp 20 Dollar und kommt auf einen Börsenwert von 22 Milliarden Dollar. Eine Google-Aktie kostet gut 500 Dollar (der Konzern verzichtete bisher auf Aktiensplits) und die heute mit Abstand führende Suchmaschine kommt auf einen Börsenwert von rund 170 Milliarden Dollar.

Das Beispiel Yahoo macht drei elementare Faktoren beim Handel mit Aktien deutlich: Erstens, eine auf den ersten Blick hohe Bewertung kann sich im Hinblick auf das tatsächlich vorhandene Potenzial durchaus als viel zu niedrig herausstellen. Zweitens, das vorhandene Potenzial kann manchmal schneller abgerufen werden als gedacht. In einer Euphoriephase kann es sogar zu dramatischen Übertreibungen kommen. Und drittens, der Markteintritt eines Konkurrenten kann sich drastisch auswirken, wenn gravierende Managementfehler gemacht werden, wie es bei Yahoo in den letzten Jahren zu beobachten war.

DIE 600-PROZENT-GLÜHBIRNEN-SPEKULATION

Am 9. Dezember 2008 eröffnete sich eine der größten Investmentchancen des 21. Jahrhunderts. Und das Beste daran: Es war in allen Medien nachzulesen

KAPITEL | JEDE MENGE
EINS | HOCHPROZENTIGES

und es hätten fünf bis sieben Minuten Recherche ausgereicht, um in den kommenden zwölf Monaten eine satte Rendite von über 500 Prozent einzufahren. Wer einen doppelt so großen Anlagehorizont hatte, konnte sogar über 800 Prozent verdienen – und das mit einer deutschen Aktie aus dem TecDAX. Der Gedankengang hinter dieser gewaltigen Anlagechance ist schon fast zu einfach, um wahr zu sein. Am 9. Dezember 2008 ist in Brüssel das schrittweise Glühbirnenverbot beschlossen worden. Bis zum Jahr 2012 soll die Glühbirne vom Markt verschwinden. Alle Experten waren sich schnell einig: Zwar werden kurzfristig Halogenlampen und Energiesparleuchten als Ersatz verwendet werden, aber langfristig werden LED-Lichter in die Wohnzimmer einziehen. Im Bereich Beleuchtung wird sich die LED-Technologie zum Standard der nächsten Jahrzehnte entwickeln.

Einem jungen, ohnehin schon aufstrebenden Markt war per Gesetz praktisch starkes Wachstum verordnet worden. Besser geht es kaum. Blieb nur die Frage, welche Firmen vom einsetzenden LED-Boom wohl am stärksten profitieren würden. Als Anleger musste man aber nicht allzu lange suchen. Der weltweit führende Produzent von Maschinen für die Fertigung von LEDs war und ist das deutsche Unternehmen Aixtron. Und eine Beteiligung war

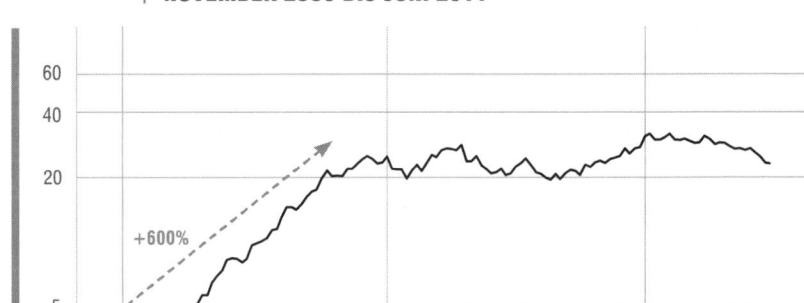

ABBILDUNG | **AIXTRON** IN EURO
1.2 | **NOVEMBER 2008 BIS JUNI 2011**

kinderleicht möglich, denn Aixtron war bereits seit Jahren börsennotiert und zum Zeitpunkt des Glühbirnenverbots für 3,50 Euro pro Aktie zu haben. Nachdem sich Aixtron in den folgenden Monaten kaum bewegte, ging ab April 2009 alles ganz schnell: Der Kurs stieg über fünf Euro und es dauerte gerade einmal bis Juli, da notierte die Aixtron bereits bei zweistelligen Kursen. Und zum Jahrestag des Glühbirnenverbots-Beschlusses, am 9. Dezember 2009, waren stolze 24 Euro erreicht. Gegenüber dem Einstand entsprach dies einem satten Gewinn von 600 Prozent.

Aber es gab noch Luft nach oben. Nach einer zwischenzeitlichen Korrekturphase auf 20 Euro erreichte die Aktie im darauffolgenden Jahr Kurse von über 30 Euro, was einer Performance von über 800 Prozent entspricht. Und das alles mit einer recht einfachen Idee – und ohne komplexe Analysemethoden, aufwendige Rechenmodelle oder den Einsatz charttechnischer Fibonacci-Retracements. So einfach kann Börse sein.

MIT EINEM MP3-PLAYER FING ALLES AN

Auf meinen Vorträgen frage ich gerne, ob jemand weiß, um wie viel Prozent die Aktie von Apple von 2003 bis 2011 gestiegen ist. Die Antworten bewegen sich dann immer meistens zwischen 200 und 500 Prozent. Und was schätzen Sie? 700 Prozent? Oder gar 1.000? Na los, trauen Sie sich. Schließlich ist Apple bereits im Jahr 2010 zum teuersten Technologiekonzern der Welt aufgestiegen und hat Microsoft hinter sich gelassen. Der Börsenwert hat ein Jahr später die 300-Milliarden-Dollar-Marke überschritten. Also gut, ich sage es Ihnen: Von 2003 bis 2011 ist Apple von sieben auf 360 Dollar gestiegen – das entspricht einer Rendite von exakt 5.042 Prozent. Hätte man einen solchen Anstieg damals vorhersehen können? Sicherlich nicht. Aber es hätte schon damals gute Gründe gegeben, sich Apple-Aktien ins Depot zu legen.

Die Wende Apples vom reinen Computerhersteller zum Medienkonzern wurde am 23. Oktober 2001 von Firmengründer Steve Jobs mit den Worten „With iPod, listening to music will never be the same again" eingeleitet. Die Fachwelt war davon zunächst nicht überzeugt, schließlich war Apples

KAPITEL EINS | JEDE MENGE HOCHPROZENTIGES

ABBILDUNG 1.3 | **APPLE** IN US-DOLLAR
JANUAR 2003 BIS AUGUST 2004

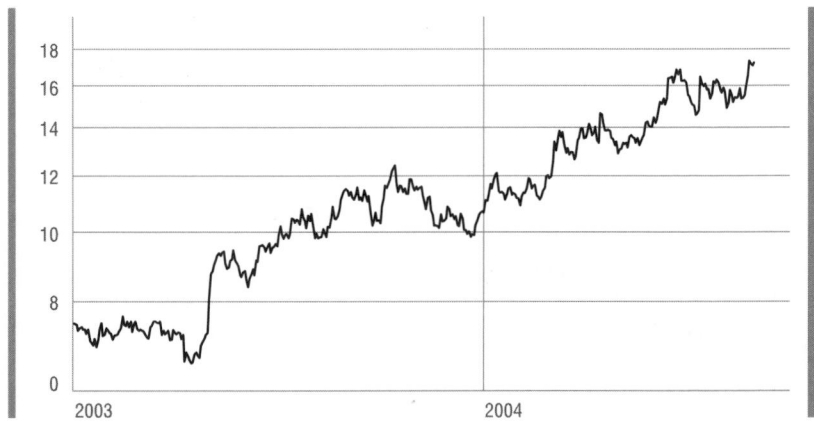

MP3-Player mit 400 Dollar um ein Vielfaches teurer als die Geräte der Konkurrenz. Es war längst nicht klar, dass der iPod die Grundlage von Apples Höhenflug darstellen würde. Aber spätestens im Jahr 2003 ließ sich kaum mehr leugnen, dass der iPod eine echte Erfolgsgeschichte ist. Apple hatte bereits mehr als eine Million Geräte abgesetzt und die Aktie startete ihren mehrjährigen Höhenflug. Wer im Mai 2003 zu Kursen von sieben Dollar Apple-Aktien kaufte, sollte es nicht bereuen.

Nur gut ein Jahr später hatte sich die Aktie von sieben auf 17 Dollar mehr als verdoppelt. Der anhaltende Verkaufserfolg des iPod hatte mittlerweile auch das herkömmliche Computergeschäft belebt. Apple-Produkte waren langsam wieder „in". Mit den wachsenden Stückzahlen wurden auch die Gewinnspannen größer.

Es gab also keinen Grund, sich von seinen Apple-Aktien zu trennen. Im Gegenteil, wenn einem Unternehmen ein vermeintlich zu teures Produkt förmlich aus den Händen gerissen wird, sollte man als Anleger eher über eine Aufstockung der Position nachdenken. Ein Verkauf der Position kam auf jeden Fall nicht infrage. Wenn überhaupt, dann hätte man über einen Teilverkauf nachdenken können. Und wer noch nicht investiert war, der hätte

ABBILDUNG | **APPLE** IN US-DOLLAR
1.4 | **JANUAR 2003 BIS APRIL 2005**

jetzt zumindest über einen Kauf der Aktie nachdenken sollen – aus späterer Sicht sogar müssen.

Ein Verkauf der Position wäre tatsächlich ein großer und auch ein teurer Fehler gewesen, denn ein weiteres Jahr später notierte die Aktie bei 45 Dollar, hatte also erneut um 160 Prozent zugelegt – und das ohne nennenswerte Kurskorrektur. Es gab auch handfeste Gründe für die Fortsetzung des Höhenfluges: Im Jahr 2004 hatten sich die iPod-Verkäufe im Vergleich zum Vorjahr auf 8,3 Millionen Stück nahezu versechsfacht. Fortlaufend wurden neue Modelle auf den Markt gebracht: „iPod mini", „iPod nano" … Und wieder war die beste Entscheidung, an seinen Apple-Aktien festzuhalten, denn es sollten weitaus größere Dinge folgen – vor allem, was den Kurs der Aktie anging.

Bis Anfang 2007 stieg die Aktie auf rund 80 Dollar, bis eine erste größere Korrektur den Kurs auf 50 Dollar drückte, aber die Einführung des iPhones im Frühjahr 2007 sorgte für eine erneute Belebung. Die Aktie erreichte bis Ende des Jahres 2007 die Marke von 200 Dollar. Gegenüber dem Ausgangspunkt im Jahr 2003 hatte sich ein Wertzuwachs von über 2.700 Prozent aufgetürmt. Erst dann kam es zu einer größeren Korrektur. Im Zuge der

KAPITEL | JEDE MENGE
EINS | HOCHPROZENTIGES

ABBILDUNG | **APPLE** IN US-DOLLAR
1.5 | **JANUAR 2003 BIS DEZEMBER 2009**

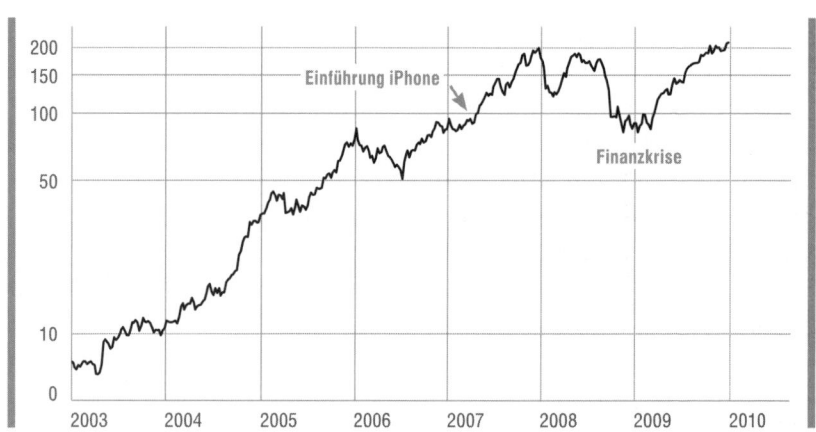

Finanzkrise rutschte die Aktie Ende 2008 sogar wieder unter die Marke von 100 Dollar. Operativ brummte das Geschäft aber weiterhin. 2008 verkaufte Apple über 55 Millionen iPods und immerhin 17 Millionen iPhones.

ABBILDUNG | **APPLE** IN US-DOLLAR
1.6 | **JANUAR 2003 BIS JUNI 2011**

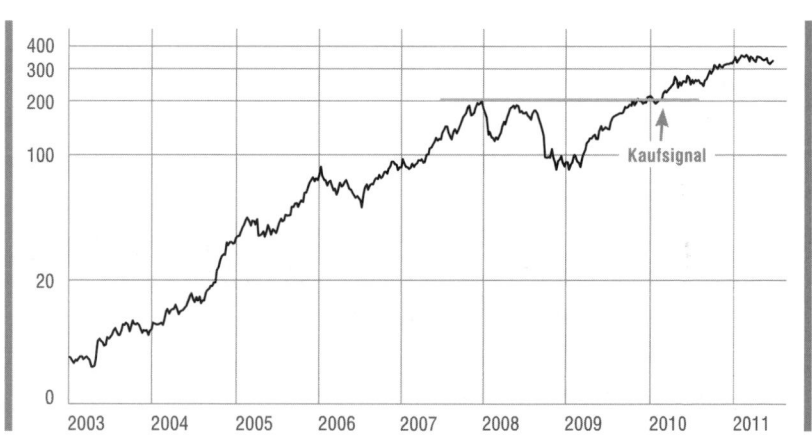

Und so dauerte es auch nur ein gutes Jahr, bis die Apple-Aktie ihre alten Höchstkurse wieder überschritten hatte. Schließlich erreichte das Papier im Frühjahr 2011 Kurse von über 360 Dollar und machte damit die 5.000 Prozent in gut acht Jahren voll.

Und die Moral von der Geschicht' – verkaufe gute Aktien nicht. Zumindest nicht, wenn es keinen Grund für einen Verkauf gibt. Und den gab es bei Apple frühestens während der Finanzkrise – und zwar lediglich aus Gründen der Verlustbegrenzung. Aber selbst wenn man seine Apple-Aktien unglücklicherweise auf dem Finanzkrisentief im November 2008 zu 80 Dollar verkauft hätte, wäre noch immer eine beachtliche Rendite von über 1.000 Prozent herausgesprungen.

EINE BILLION DOLLAR?

Und wie geht es mit der Aktie weiter? Sicherlich sind in den nächsten acht Jahren keine 5.000 Prozent mehr drin, denn dann würde der Börsenwert von Apple auf kaum vorstellbare 18 Billionen Dollar anwachsen. Es spricht aber nichts dagegen, dass Apple das erste Unternehmen wird, das eine Bewertung

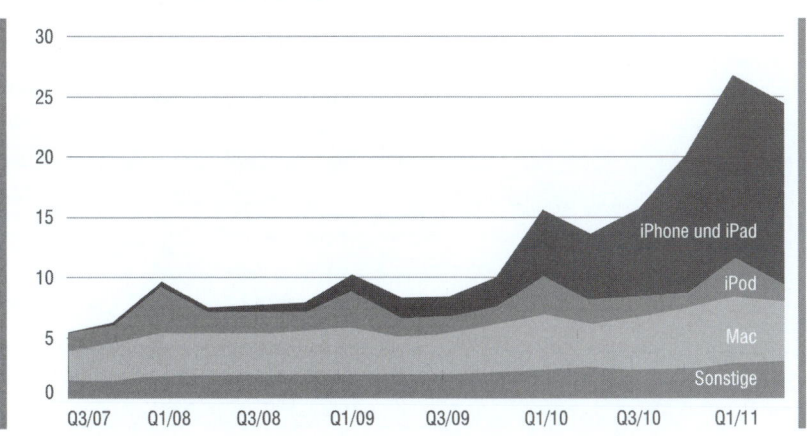

ABBILDUNG 1.7 | **UMSATZERLÖSE APPLE NACH PRODUKTEN** IN MRD. US-DOLLAR

von einer Billion Dollar erreicht. Denn selbst nach den 5.000 Prozent in den letzten acht Jahren war die Aktie im Sommer 2011 mit einem KGV von 11 nicht wirklich teuer. Das liegt daran, dass bei Apple die kräftigen Kurssteigerungen Hand in Hand mit deutlich steigenden Umsätzen und Gewinnen gegangen sind. Von 2003 bis 2010 haben sich Apples Umsätze von 6,2 Milliarden Dollar auf 63,4 Milliarden Dollar mehr als verzehnfacht, der Gewinn hat sich im gleichen Zeitraum von 69 Millionen auf 8,2 Milliarden Dollar sogar mehr als verhundertfacht. Übrigens erzielt Apple mittlerweile 60 Prozent seiner Umsätze mit dem iPhone und dem iPad (Abb. 1.7).

Apple war eine der größten Erfolgsgeschichten der letzten Jahre. Und es war gar nicht so schwierig, sie zu entdecken. Die große Hürde bestand vielmehr darin, lange genug investiert zu bleiben oder sich zu überwinden, zu einem späteren Zeitpunkt trotz der aufgelaufenen Gewinne noch aufzuspringen.

JEDE MENGE KURSVERDOPPLER

Yahoo, Aixtron und Apple sind Beispiele, wie sich Renditen von mehreren Hundert bis zu einigen Tausend Prozent erzielen ließen, und zwar ohne aufwendige Analysen, ohne ein abgeschlossenes Volkswirtschaftsstudium und ohne auf ein 12-köpfiges Expertenteam zurückgreifen zu können. Einige einfache Überlegungen, etwas Fantasie und natürlich ein paar Euro Investitionskapital hätten völlig ausgereicht. Doch wie oft gibt es solche Möglichkeiten? Keine Frage, Erfolgsgeschichten in der Dimension von Apple finden sich nicht am laufenden Band. Aber es müssen ja auch nicht immer 5.000 Prozent sein. Außerdem verspricht der Titel dieses Buches lediglich 100 Prozent Gewinn. Moment, von „versprechen" war nicht die Rede, es geht lediglich um 100 Prozent Kurspotenzial.

In einem halbwegs guten Börsenjahr gibt es Hunderte von Unternehmen, deren Aktien sich im Wert verdoppeln. Und selbst in schlechten Börsenjahren lassen sich noch immer genügend Papiere finden, die dem schwachen Gesamttrend trotzen und um 100 oder mehr Prozent zulegen. Genug der Theorie, kommen wir zur Praxis: Im Juli 2010 habe ich in meinem Börsenbrief „maydornreport" ein Musterdepot gestartet. Die Anforderungen an potenzielle Depotkandidaten waren relativ einfach, aber gleichzeitig schwer zu erfüllen: Sie sollten über ein Kurspotenzial von mindestens 100 Prozent verfügen – und zwar nicht auf Sicht von einigen Jahren, sondern binnen der nächsten zwölf Monate. Bei diesen Anforderungen ist dem halbwegs erfahrenen Anleger klar, dass hier keine Standardwerte wie Siemens oder Telekom infrage kommen, sondern dass es sich um spekulativere Titel handelt, allen voran um junge, dynamisch wachsende Unternehmen. Mit Großkonzernen wie Microsoft, General Electric oder Daimler können Sie niemals solche Renditen erzielen, zumindest nicht in einigen Wochen oder Monaten.

PLUS 100 PROZENT IN SECHS WOCHEN

Wie wichtig insbesondere das Wachstum für außerordentliche Kursgewinne ist, warum es immer wieder außergewöhnliche Chancen an den Börsen gibt und worauf es beim Handel mit solchen Aktien ankommt – vor allem dann, wenn es nicht so läuft wie geplant –, lesen Sie im weiteren Verlauf dieses Buches. Aber zurück zum Musterdepot. Sie wollen sicherlich wissen, ob die Strategie mit den potenziellen 100-Prozent-Aktien aufgegangen ist. Ist es tatsächlich einigen Aktien gelungen, um 100 Prozent oder mehr zuzulegen? Und wie lange hat es gedauert? Nun ja, wenn es nicht funktioniert hätte, würde ich wohl kaum an dieser Stelle darüber schreiben. Knapp ein Jahr nach der Auflage des Musterdepots haben insgesamt fünf Aktien die Marke von 100 Prozent erreicht oder sogar überschritten. Und bei einigen hat es gerade einmal sechs Wochen bis zur Kursverdopplung gedauert. Im weiteren Verlauf dieses Buches werde ich Ihnen einige dieser Kursverdoppler vorstellen, hier aber schon einmal vorab den „Highspeed-100-Prozenter".
Einer der größten Trends des IT-Marktes der vergangenen und wahrscheinlich auch der kommenden Jahre ist das Cloud-Computing, also das Auslagern von Programmen und Daten auf externe Netzwerke. Viele Aktien aus diesem Bereich hatten atemberaubende Kurssteigerungen hinter sich. Einer der weltweit führenden Anbieter war und ist das US-Unternehmen

KAPITEL | JEDE MENGE
EINS | HOCHPROZENTIGES

ABBILDUNG 1.8 | SALESFORCE.COM IN US-DOLLAR
AUGUST 2008 BIS JUNI 2011

Salesforce.com. Ein Blick auf die Aktienkursentwicklung der Jahre 2008 bis 2011 sagt mehr als viele Worte.

Von Anfang 2009 bis Mitte 2011 hat sich der Aktienkurs von Salesforce .com mehr als verfünffacht. Das Beste an dieser Entwicklung ist, dass es während des gesamten Anstiegs zu keiner nennenswerten Korrektur kam – eine geradezu traumhafte Kursentwicklung. Leider war die Aktie schon während und insbesondere nach dem fulminanten Anstieg nie wirklich billig: Der Börsenwert hatte Mitte 2011 stolze 19,5 Milliarden Dollar erreicht und damit fast das Siebenfache des Jahresumsatzes. Das KGV lag bei über 100! Auch andere bekannte Cloud-Computing-Firmen waren bereits recht teuer geworden.

Während meiner Recherche stieß ich jedoch auf ein kleines indisches Unternehmen, das ich noch aus den Zeiten des Internetbooms Ende der 90er-Jahre kannte. Wahrscheinlich werden nur die wenigsten von Ihnen schon einmal etwas von der Aktie Sify Technologies gehört haben, es sei denn, Sie sind Abonnent meines Börsenbriefes. Wenn dem so ist, dann werden Sie diese Zeilen kennen, die ich im März des Jahres 2011 für den „maydornreport" verfasst habe:

KAPITEL | JEDE MENGE
EINS | HOCHPROZENTIGES

„Kaum zu glauben, aber wahr: In Indien haben erst rund sieben Prozent der Bevölkerung einen Internetzugang. Aber selbst das sind bereits 88 Millionen Menschen, also mehr als Deutschland Einwohner hat. Darüber hinaus wird diese Zahl in den nächsten Jahren rasant anwachsen. Bis zum Jahr 2015 sollen einer neuen Studie zufolge 237 Millionen Inder Zugang zum Internet haben. Und die Millionen neuen Internetnutzer werden ihre Anwendungen und Daten nicht mehr lokal speichern, sondern in der Wolke. Glaubt man Microsoft-Chef Steve Ballmer, so wird Indien zum Weltmarktführer im Bereich Cloud-Computing aufsteigen. Laut Ballmer wird Indien nicht nur einer der wichtigsten Märkte für Cloud-Computing, sondern Firmen aus der ganzen Welt werden zukünftig auf die Cloud-Computing-Dienste aus Indien zurückgreifen. Die Begründung Ballmers klingt logisch: Indiens Internet wird direkt in die ‚Wolke wachsen' und nicht wie in Europa oder den USA die Kapazitäten einzelner Rechner ausnutzen. Ähnlich wie beim Telefonieren. Auch dort etablierte sich in Indien schnell der Mobilfunk, eine vernünftige Festnetz-Infrastruktur ist bis heute nicht vorhanden."

Also gleich zwei Wachstumsmärkte in einem: Indien und Cloud-Computing. Und Sify mittendrin. Eine geradezu ideale Kombination. Und so ging der Artikel im „maydornreport" damals weiter:

„Sify Technologies betreut in erster Linie Firmenkunden und stellt diesen die komplette Infrastruktur für ihren Internetauftritt zur Verfügung, vom Hosting über Applikationen und Anwendungen bis hin zur Internettelefonie. Darüber hinaus bietet Sify Internetzugänge für Privatpersonen und betreibt 1.200 Internetcafés. Seit Sommer 2010 surfen viele von Sifys Kunden in der Wolke. Sie können – entweder von zuhause oder in einem der Internetcafés – online ihre Rechnungen bezahlen, Reisen buchen oder ihre E-Mail-Korrespondenz abwickeln. Alles per Cloud-Computing und zur Not auch ohne eigenen Rechner. Aber auch im Firmenkundengeschäft, das 80 Prozent der Erlöse von Sify ausmacht, wird verstärkt auf Cloud-Computing gesetzt. Sify ist nach eigenen Angaben bereits einer der führenden Anbieter von Cloud-Computing in Indien. Diese Entwicklung hat sich auch in den Zahlen niedergeschlagen. Der Aktienkurs ist endlich aus seinem jahrelangen Tiefschlaf erwacht."

KAPITEL | JEDE MENGE
EINS | HOCHPROZENTIGES

ABBILDUNG | **SIFY** IN US-DOLLAR
1.9 | **JANUAR 2010 BIS 8. MÄRZ 2011**

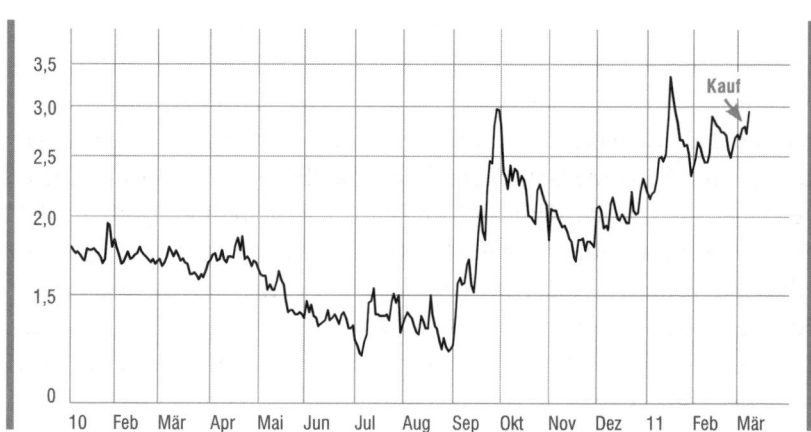

Der Kursverlauf von Sify Technologies sah tatsächlich sehr verlockend aus. Es war unschwer zu erkennen: Diese Aktie „wollte" nach oben. Und im Vergleich zu vielen anderen Cloud-Computing-Unternehmen war Sify von der

ABBILDUNG | **SIFY** IN US-DOLLAR
1.10 | **JANUAR 2010 BIS 31. MÄRZ 2011**

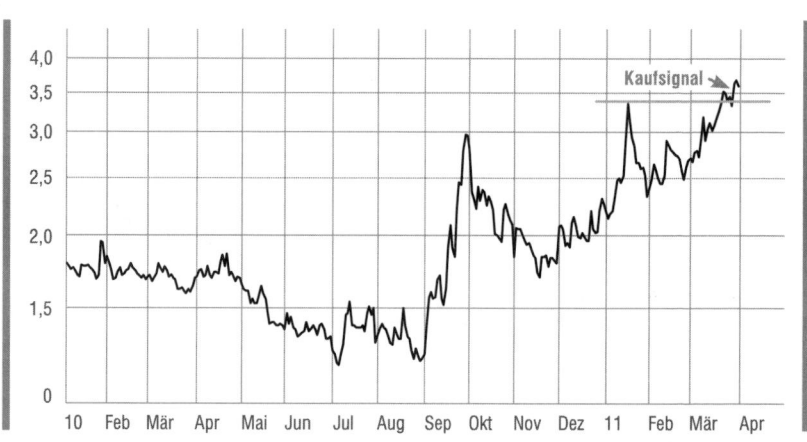

SEITE
30

Bewertung her ein echtes Schnäppchen. Der Börsenwert von 150 Millionen Dollar entsprach gerade einmal dem einfachen Jahresumsatz. Allerdings erwirtschaftete Sify noch keine Gewinne, war aber auf dem besten Weg dorthin. Nur gut zwei Wochen nach der Depotaufnahme sorgte ein Interview mit dem Sify-Vorstand für Aufsehen. Er kündigte an, in fünf Jahren Umsätze von einer Milliarde Dollar erreichen zu wollen. Die Aktie legte deutlich zu und erreichte Ende März 2011 ein neues Mehrjahreshoch (Abb. 1.10).

Seit dem Kauf hatte die Aktie nun schon um gut 30 Prozent zugelegt. Keine schlechte Performance für gerade einmal drei Wochen, aber das war erst der Anfang, wie sich herausstellen sollte. Nicht nur der charttechnische Ausbruch lockte neue Käufer in die Aktie, sondern auch eine Übernahmefantasie in der Branche kam plötzlich auf. Es entwickelte sich eine echte Kaufhysterie, die schließlich dazu führte, dass der Kurs Mitte April auf über sechs Dollar anzog. Damit hatte sich die Sify-Aktie innerhalb von nur sechs Wochen mehr als verdoppelt (Abb. 1.11).

Da der Anstieg in so kurzer Zeit erfolgte und sich eine geradezu euphorische Stimmung entwickelt hatte, drohte eine recht deutliche Korrekturbewegung.

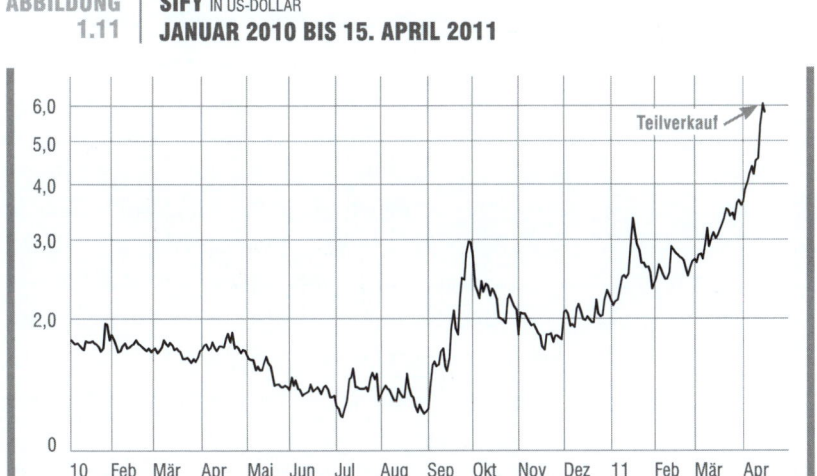

ABBILDUNG 1.11 | **SIFY** IN US-DOLLAR
JANUAR 2010 BIS 15. APRIL 2011

KAPITEL EINS | JEDE MENGE HOCHPROZENTIGES

ABBILDUNG 1.12 | **SIFY** IN US-DOLLAR
JANUAR 2010 BIS 30. APRIL 2011

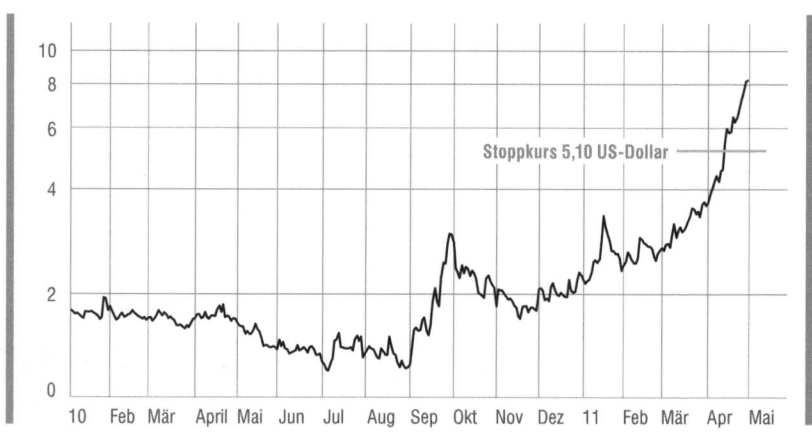

Deshalb entschloss ich mich, nach dem 100-Prozent-Anstieg die Hälfte der Position zu verkaufen (Abb. 1.11). Grundsätzlich ist ein Teilverkauf nach einer Kursverdopplung eine gute Option. Mehr zu dieser Strategie erfahren Sie im weiteren Verlauf des Buches. Wie ging es nun aber weiter mit der Aktie von Sify? Kam es wirklich zu einer Korrektur wie von mir erwartet? Von wegen, eine neue Kaufwelle trieb den Kurs zwei Wochen später bis auf über acht Dollar. Mittlerweile hatte es eine Kaufempfehlung gegeben und indische Aktien waren in das Visier von kurzfristig orientierten Tradern gerückt.

Ehrlich gesagt beunruhigte mich dieser extreme Anstieg, denn je stärker eine Aktie in kürzester Zeit zulegt, desto heftiger wird die unweigerlich folgende Korrektur ausfallen. Aus diesem Grund entschied ich, die Position mit einem Stoppkurs abzusichern (Abb. 1.12). Sollte die Aktie unter 5,10 Dollar fallen, würde auch die verbleibende Hälfte verkauft werden. Der Hintergrund: Ich wollte der Aktie ausreichend „Platz" zum Korrigieren geben, im schlimmsten Fall aber zumindest einen Gewinn von über 50 Prozent absichern. Nur zwei Wochen später stellte sich heraus, dass der „Platz" nicht ausreichte, die Aktie rutschte deutlich unter 5,10 Dollar und somit wurde auch die zweite Hälfte der Position verkauft (Abb. 1.13).

ABBILDUNG	**SIFY** IN US-DOLLAR
1.13	**JANUAR 2010 BIS 15. MAI 2011**

Rückblickend betrachtet war der extrem steile Anstieg Fluch und Segen zugleich. Zweifellos ist es toll, sein eingesetztes Kapital in so kurzer Zeit zu verdoppeln, aber die extremen Ausschläge haben der Aktie langfristig eher geschadet. Sie ist so in das Lager der Zocker-Aktien abgerutscht. Die meisten Käufer während des starken Anstiegs waren wahrscheinlich kurzfristig orientierte Trader, die gerade einmal wussten, dass Sify eine indische Aktie ist. Als der Hype vorbei war, haben sich die Trader einfach ihr nächstes „Opfer" gesucht. Dabei hat das Unternehmen echte Qualitäten und vor allem beste Perspektiven. Wenn alles gut läuft, dürfte die Aktie auf längere Sicht noch deutlich höher steigen.

Ich hoffe, Ihnen ist nicht schon ganz schwindelig geworden in Anbetracht all der Prozentzahlen. Wenn ja, dann machen Sie einfach kurz Pause, wenn nicht, dann kann ich Ihnen das Weiterlesen nur empfehlen. Im nächsten Kapitel erfahren Sie, wie man es mit 3.300 Euro zum Millionär gebracht hätte.

KAPITEL ZWEI | AKTIEN FÜR ALLE

KAPITEL ZWEI | AKTIEN FÜR ALLE

„Nichts ist so mächtig wie eine Idee, deren Zeit gekommen ist", sagte der französische Schriftsteller Victor Hugo vor weit über 100 Jahren. Und es gab seitdem Tausende neue Ideen und mindestens ebenso viele Möglichkeiten für clevere Anleger, an diesen Ideen in Form von Aktien teilzuhaben und von ihnen zu profitieren. Im Grunde sind Aktien die ideale Möglichkeit, sich an neuen Innovationen, neuen Geschäftsfeldern und neuen Wachstumsmärkten zu beteiligen. Man kann dabei nicht nur über die Höhe seines Investments selbst entscheiden, sondern man kann auch den Einstiegszeitpunkt frei wählen – und den des Ausstiegs. Kaum eine andere Anlageform bietet vergleichbar hohe Gewinnchancen bei relativ großer Flexibilität.

Ist es Ihnen nicht auch schon passiert, dass Sie von einem Produkt oder einer Dienstleitung so begeistert waren, dass Sie sich gewünscht hätten, diese Geschäftsidee selbst gehabt zu haben? Oder vielleicht hatten Sie eine ähnliche Idee, aber es hat an Zeit, Geld und/oder Mut gefehlt, sie umzusetzen. Da ist es doch toll, wenn Sie über ein Investment in Aktien die Möglichkeit haben, sich direkt an dieser Idee zu beteiligen. Natürlich können Sie nicht selbst über die Entwicklung des Unternehmens entscheiden, sondern müssen sich auf die Cleverness und das Geschick der Geschäftsleitung verlassen. Ihnen bleiben lediglich die bescheidenen Rechte als Aktionär, die sich auf die Ausübung der Stimmrechte bei der Hauptversammlung beschränken. Wenn Sie jedoch nicht nur vom Geschäft überzeugt sind, sondern auch der Unternehmensleitung vertrauen, dann können Sie sich kinderleicht – bei einem Onlinebroker reichen wenige Mausklicks – an diesem Unternehmen beteiligen und damit auch an der Idee, an der Story und am Wachstum. Ihnen gehört dann ein Stück der Firma und wenn es gut läuft, haben Sie unmittelbar am Erfolg teil und können eine Menge Geld verdienen.

Und wenn es nicht gut läuft, dann können Sie sich innerhalb weniger Sekunden wieder von „Ihrer Firma" – sprich Ihren Anteilen – trennen. Während ein „echter" Firmengründer bei einer gefloppten Geschäftsidee Mitarbeiter entlassen, Verträge kündigen, vielleicht die gesamte Firma auflösen muss und am Ende mit einem gewaltigen Schuldenberg dasteht, können Sie sich als stiller Teilhaber binnen kürzester Zeit von dem Investment verabschieden.

IMMOBILIEN, ANLEIHEN, ROHSTOFFE

Sicherlich haben andere Anlageformen ebenfalls ihren Charme. Immobilienbesitzer schwören auf nachhaltige Wertsteigerungen und regelmäßige Mieteinnahmen. Aber fragen Sie die Besitzer von Eigentumswohnungen außerhalb von Hamburg oder München oder gar in ländlichen Regionen, wie es mit der Wertsteigerung in den letzten zehn Jahren ausgesehen hat. Fragen Sie, welche Möglichkeiten ein Vermieter hat, wenn er an einen Mietnomaden geraten ist, der seit Monaten keine Miete mehr zahlt, oder was Renovierungsarbeiten kosten. Und wer sich von seiner Wohnung oder seinem Haus trennen möchte, der muss entweder viel Geduld mitbringen oder Preisnachlässe in Kauf nehmen, es sei denn, es handelt sich um ein Objekt in 1-a-Lage in einer der großen Metropolen. Aktien haben keine Mieter, es geht keine Heizung kaputt und wenn Sie morgens aufwachen und sie loswerden wollen, dann haben Sie das in maximal zehn Minuten erledigt. Mit Renditen zwischen zwei und drei Prozent sind festverzinsliche Wertpapiere auch keine echte Alternative. Sie schlagen gerade einmal knapp die Inflationsrate, es sei denn, man geht erhöhte Risiken ein, was die Bonität des

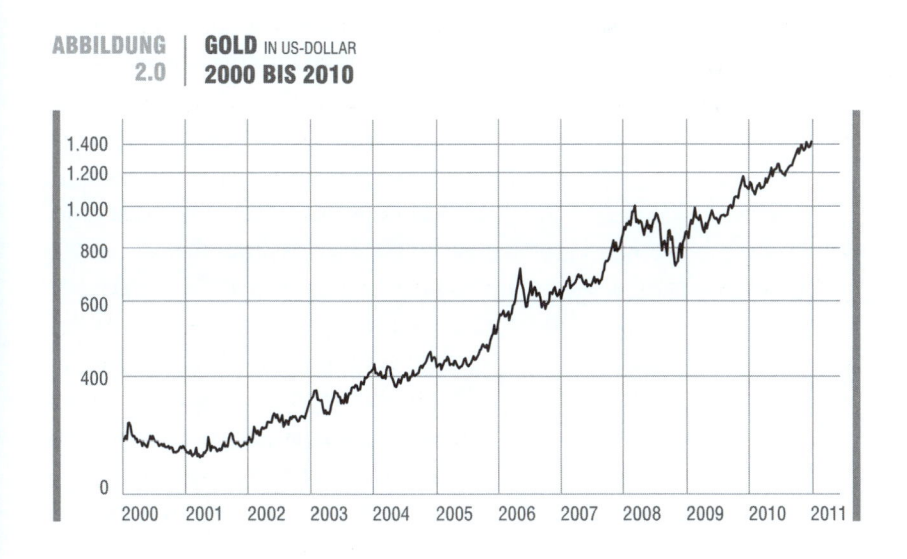

ABBILDUNG 2.0 | **GOLD** IN US-DOLLAR **2000 BIS 2010**

Schuldners angeht. Aber wollen Sie wirklich die Rückzahlung ihres eingesetzten Kapitals nur wegen ein paar Prozentpünktchen mehr Rendite aufs Spiel setzen? Die Käufer argentinischer Anleihen haben 2001 erlebt, wie schmerzhaft ein „Haarschnitt" sein kann. Sie mussten nach der Staatspleite Argentiniens im Rahmen eines sogenannten „Haircuts" auf zwei Drittel ihrer Forderungen verzichten.

Bleiben Investments in Rohstoffe. In den letzten Jahren ist geradezu ein Rohstoff-Hype entstanden, vor allem Gold (Abb. 2.0) zog immer mehr Anleger in den Bann. Und wer lange genug dabei war, konnte auch kräftig mitverdienen: Seit dem Jahr 2000 hat sich der Goldpreis innerhalb von elf Jahren von 300 auf 1.800 Dollar versechsfacht. In der gleichen Zeit haben Besitzer von Aktien unterm Strich Geld verloren, sofern sie in den DAX oder in den Dow Jones investiert haben. Aber wer auf die richtigen Einzelwerte gesetzt hat, der konnte mit Aktien auch deutlich mehr Geld verdienen. Hierzu zählen ebenfalls Hunderte Einzelaktien von Unternehmen aus dem Rohstoffbereich. Und es gibt immer wieder neue Trends. Als Beispiel seien nur die Seltenen Erden genannt, zu denen Lanthan, Europium, Neodym und 14 weitere Metalle zählen. Sie sind für die Herstellung zahlreicher Elektroprodukte unverzichtbar, darunter Akkus, Turbinen und Motoren. Da der Hauptproduzent China seine Bestände seit Jahren hortet, sind die Seltenen Erden knapp und die Preise teuer geworden. Das wiederum hat die Preise von Explorationsunternehmen Seltener Erden in die Höhe schießen lassen. Die Aktienkurse von Avalon, Arafura oder Lynas haben sich in relativ kurzer Zeit vervielfacht. Bei den Seltenen Erden sind übrigens Aktien von Explorern oder Produzenten die einzige Möglichkeit, von der Knappheit und den steigenden Preisen zu profitieren, da die Rohstoffe selbst für den Privatanleger nicht handelbar sind.

JEDE MENGE NEUE TRENDS

Als Aktionär kann man also jeden Trend beliebigen spielen und in jeden neuen Wachstumsmarkt investieren – und sich jederzeit wieder von ihm verabschieden: Technologie, Energie, Mode, Unterhaltung, aber auch Rohstoffe

KAPITEL | AKTIEN
ZWEI | FÜR ALLE

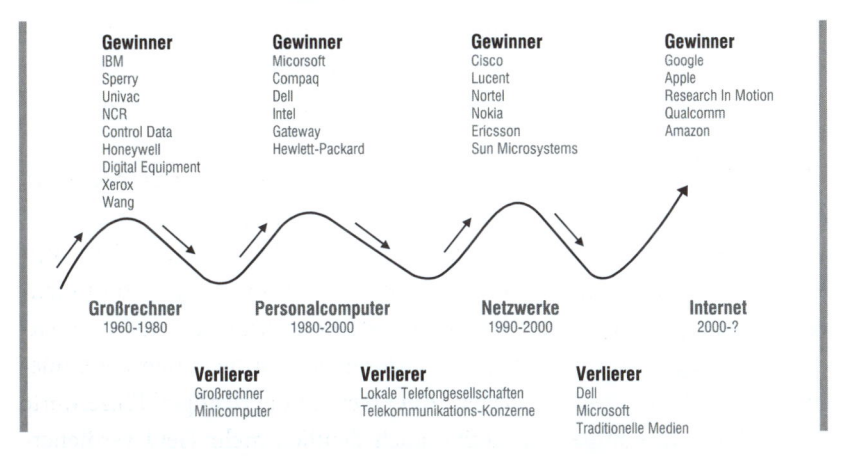

ABBILDUNG | TECHNNOLOGIE-TRENDS:
2.1 | VIELE GEWINNER, ABER AUCH VERLIERER

Gewinner	Gewinner	Gewinner	Gewinner
IBM	Microsoft	Cisco	Google
Sperry	Compaq	Lucent	Apple
Univac	Dell	Nortel	Research In Motion
NCR	Intel	Nokia	Qualcomm
Control Data	Gateway	Ericsson	Amazon
Honeywell	Hewlett-Packard	Sun Microsystems	
Digital Equipment			
Xerox			
Wang			

Großrechner	Personalcomputer	Netzwerke	Internet
1960-1980	1980-2000	1990-2000	2000-?

Verlierer	Verlierer	Verlierer	
Großrechner	Lokale Telefongesellschaften	Dell	
Minicomputer	Telekommunikations-Konzerne	Microsoft	
		Traditionelle Medien	

oder Immobilien. Und eines ist sicher, es wird immer wieder neue Trendmärkte geben, auf denen sich auch zukünftig mit den richtigen Aktien überdurchschnittlich viel Geld verdienen lässt. Insbesondere im Technologiebereich etablieren sich immer wieder neue Trends, die neue Marktführer hervorbringen. Waren es in den 80er- und 90er-Jahren Firmen wie Microsoft oder Dell, die den Markt dominierten und deren Aktienkurse um mehrere Tausend Prozent in die Höhe schnellten, so sind im neuen Jahrtausend Apple, Google oder Amazon die neuen Technologieführer, die ihre Anleger mit lang anhaltenden Kurssteigerungen verwöhnen. Aber auch die stärksten Trends dauern nicht ewig. Das haben in den vergangenen Jahren die Aktionäre von Nokia oder Microsoft schmerzhaft zu spüren bekommen. Jede neue Innovationswelle bringt neue Gewinner hervor und sorgt dafür, dass andere auf der Strecke bleiben, wie Abbildung 2.1 verdeutlicht.

AMAZON – EINE VISION WIRD WAHR

Der heutige E-Commerce-Gigant Amazon ist übrigens eine der sehr wenigen Aktien, die im Jahr 2011 deutlich höher notierte als auf dem Höhepunkt der

KAPITEL ZWEI | AKTIEN FÜR ALLE

Internetblase im Jahr 2000. Seit dem Börsengang im Jahr 1997 hat sich die Amazon-Aktie innerhalb von 14 Jahren mehr als verneunzigfacht. Die damalige Prognose des Firmenchefs Jeff Bezos, aus einem kleinen Internet-Buchhändler das größte E-Commerce-Unternehmen der Welt zu machen, ist eingetroffen und hat nicht nur ihn zum Multimilliardär, sondern auch viele Aktionäre reich gemacht. Ich kann mich noch gut daran erinnern, wie ich vor dem Börsengang in der *Süddeutschen Zeitung* ein Interview mit Bezos gelesen habe und es danach kaum abwarten konnte, bis ich endlich investieren durfte. Nur wenige teilten damals meinen Optimismus.

Beim Börsengang im Jahr 1997 haben sich die Analysten vernichtend über Amazon.com geäußert. Für einen kleinen Internetbuchhändler, der angekündigt hatte, seine Verluste auszuweiten, erschien eine Bewertung von 300 Millionen Dollar geradezu abstrus hoch. Allerdings hatte Amazon-Chef Jeff Bezos bereits damals die Vision, eines Tages nicht nur Bücher, sondern auch Spielwaren, Waschmaschinen oder Autos anzubieten. Es hat funktioniert. Aus den 300 Millionen sind bis zum Jahr 2011 über 90 Milliarden Dollar geworden. Wer damals 3.300 Dollar in „die mächtige Idee" von Jeff Bezos investiert hätte, wäre nur 15 Jahre später Millionär gewesen. Wer also 1997

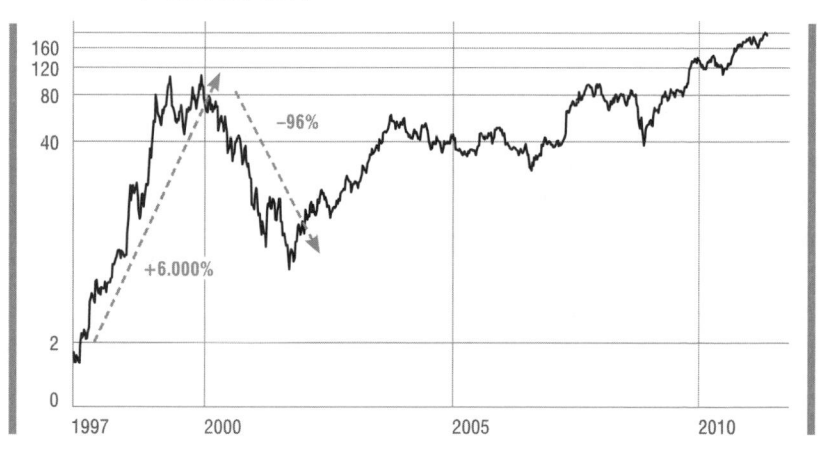

ABBILDUNG 2.2 | AMAZON.COM IN US-DOLLAR
1997 BIS 2011

vom Erfolg des E-Commerce überzeugt war, hätte einfach Amazon-Aktien kaufen sollen, statt ein eigenes Geschäft aufzuziehen.

Dabei mussten auch Amazon-Aktionäre schwierige Zeiten durchstehen: Von 2000 bis 2002 stürzte der Aktienkurs um über 90 Prozent ab und es dauerte sieben lange Jahre, bis die alten Höchstkurse wieder erreicht wurden. Im Jahr 2011 ist Amazon.com nicht nur der weltweit größte E-Commerce-Anbieter, sondern auch einer der führenden Konzerne im Bereich Cloud-Computing, einem der größten IT-Trends der letzten und insbesondere der kommenden Jahre.

WACHSTUMSMARKT KAFFEE

Noch ein Beispiel: Trinken Sie gerne Kaffee? Und Sie finden es gut, wenn der Anbau ihrer Kaffeebohnen unter ökologischen und sozialen Gesichtspunkten und die Produktion unter den Aspekten der Nachhaltigkeit erfolgt? Ich kann mich noch gut daran erinnern, wie ein damaliger Redaktionskollege im Jahr 2004 mit der Story von Green Mountain Coffee zum ersten Mal auftauchte. Eine US-Kaffeeröster mit einem nachhaltigen Geschäftsmodell auf Basis des „Fair-Trade-Gedankens". Klang ganz interessant, aber irgendwie doch eher wie ein Nischenmarkt für Ökos. Außerdem hatte sich die Aktie seit dem Tiefstkurs im Jahr 1998 bereits mehr als verzehnfacht. Splitbereinigt kostete eine Aktie damals 1,50 Dollar (Abb. 2.3).

Auch wenn Sie die Geschichte nicht kennen, ahnen Sie wahrscheinlich, was passiert ist. Heute ist Green Mountain Coffee ein Milliardenkonzern, der unter anderem mit Starbucks kooperiert und in den USA zum Marktführer bei den Kapsel-Kaffee-Systemen aufgestiegen ist, vergleichbar mit dem Nespresso-System von Nescafé. Und wieder hätte ein relativ kleiner Betrag ausgereicht, um zum Kaffee-Millionär zu werden. Mitte 2011 notierte die Aktie bei rund 90 Dollar, hat sich also gegenüber 2004 verfünfzigfacht. Im Vergleich zum Niveau von 1998 beläuft sich der Anstieg sogar auf sagenhafte 60.000 Prozent. Schon mit 1.700 Euro hätte man es innerhalb von 13 Jahren zum Millionär gebracht – und dabei auch noch ein gutes Gewissen gehabt. Ein in jeder Hinsicht nachhaltiges Investment!

ABBILDUNG 2.3 | **GREEN MOUNTAIN COFFEE** IN US-DOLLAR
1997 BIS JUNI 2011

+60.000%

Es sind also längst nicht immer nur Technologie-Aktien, die mit atemberaubenden Performancezahlen begeistern. Und es müssen nicht immer Firmen sein, die Produkte oder Dienstleistungen anbieten, die jeder mag.

ABBILDUNG 2.4 | **PHILIP MORRIS, HEUTE ALTRIA** IN US-DOLLAR
1980 BIS 2007

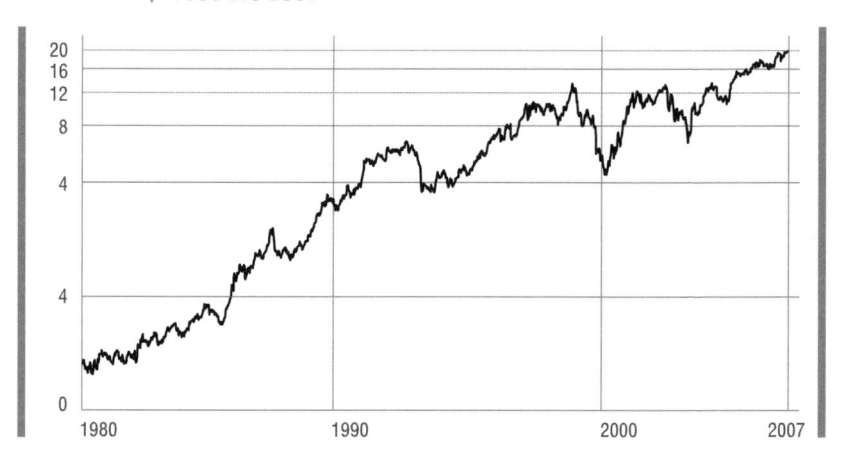

Raten Sie mal, welches die beste Aktie der vergangenen 50 Jahre war. Es war der Tabakkonzern Philip Morris, heute Altria. Aus 1.000 Dollar wären bis 2007 knapp sechs Millionen Dollar geworden (Abb. 2.4).
Jetzt aber Schluss mit den Superlativen aus der Vergangenheit. Die entscheidende Frage lautet, mit welchen Aktien man in den kommenden Jahren kräftig Geld verdienen kann. Wer ist also die neue Green Mountain Coffee oder die nächste Amazon.com? Aus welcher Branche kommen die Gewinneraktien von morgen?
Eine der wichtigsten Grundvoraussetzungen für überdurchschnittliche Kurssteigerungen ist Wachstum. Und genau darum geht es im folgenden Kapitel.

KAPITEL DREI | OHNE WACHSTUM GEHT NICHTS

KAPITEL DREI | OHNE WACHSTUM GEHT NICHTS

Was bewegt eigentlich die Kurse von Aktien? Natürlich in erster Linie das Verhältnis von Angebot und Nachfrage – wie bei allen anderen Waren und Gütern auch. Eine hohe Nachfrage bei gleichbleibendem Angebot führt zu steigenden Preisen, weil sich erst dann eine ausreichende Anzahl von Verkäufern findet. Keine Angst, ich möchte Sie jetzt nicht mit dem kleinen Einmaleins der Marktwirtschaft für Vorschulkinder langweilen. Es ist aber wichtig, sich als Anleger immer wieder in Erinnerung zu rufen, dass der Kurs einer Aktie am Ende immer vom Verhältnis von Angebot und Nachfrage abhängig ist und nicht etwa von der Qualität oder vom realen Wert des dahinter stehenden Unternehmens – sofern sich dieser überhaupt ermitteln lässt. Auf die Thematik „fairer Wert" oder „effizienter Markt" gehe ich im folgenden Kapitel ein. Vorab nur so viel: Wenn die Börse effizient ist, dann ist die Erde eine Scheibe.

WACHSTUMSMARKT PKW?

In erster Linie geht es also an der Börse um das Verhältnis von Angebot und Nachfrage, was zeitweise sehr extreme Züge annehmen kann. Aber auf lange Sicht bestimmen andere Faktoren die Kurse von Aktien, insbesondere einer: das Wachstum. Nur wenn Unternehmen wachsen und sich weiterentwickeln, lassen sich langfristig auch höhere Kurse rechtfertigen. Grundvoraussetzung sind natürlich Märkte, die ein derart starkes Wachstum überhaupt ermöglichen. So wird ein herkömmlicher Autoproduzent seine Absätze innerhalb eines Jahres kaum verdoppeln können, während derartige Zuwächse in der Technologiebranche keine Seltenheit sind. Der Markt für Pkw ist in den entwickelten Industrienationen gesättigt, es findet lediglich ein Ersatzgeschäft statt. Im Jahr 2010 wurden weltweit 61,6 Millionen Pkw verkauft. Gegenüber dem Vorjahr entsprach dies einem Zuwachs von zwölf Prozent. Allerdings waren im Vorjahr die Absätze aufgrund der Finanzkrise auch ausgesprochen schwach, sodass sich hier der Basiseffekt bemerkbar machte.

Das Wachstum im Automobilsektor findet seit Jahren fast ausschließlich in Asien statt, allen voran in Indien und China. Dort lagen die Zuwächse im

KAPITEL DREI | OHNE WACHSTUM GEHT NICHTS

ABBILDUNG 3.0 | PKW-NEUZULASSUNGSENTWICKLUNG NACH REGIONEN NEUZULASSUNGEN IN TAUSEND

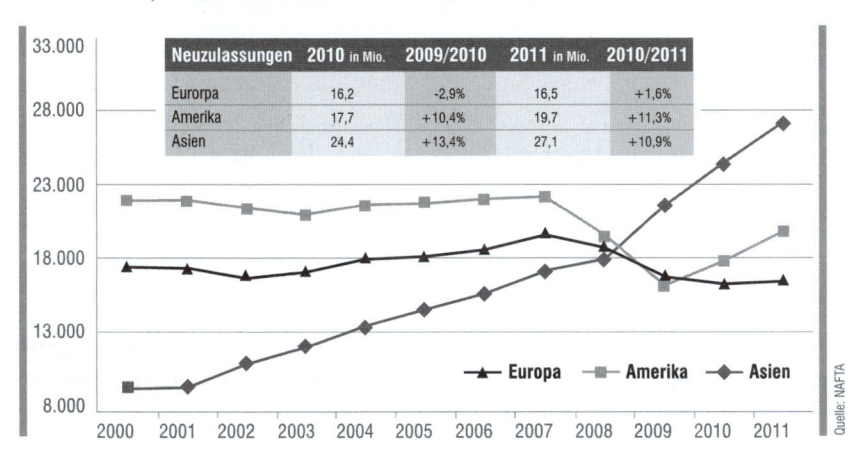

Neuzulassungen	2010 in Mio.	2009/2010	2011 in Mio.	2010/2011
Eurorpa	16,2	-2,9%	16,5	+1,6%
Amerika	17,7	+10,4%	19,7	+11,3%
Asien	24,4	+13,4%	27,1	+10,9%

Quelle: NAFTA

Jahr 2010 bei über 30 Prozent. Während 2011 in Europa und in den USA weniger Autos neu zugelassen werden als im Jahr 2000, hat sich in Asien die Zahl der Zulassungen im gleichen Zeitraum verdreifacht. Dennoch handelt es sich bei Automobilen um einen größtenteils gesättigten Markt, der langfristig kaum Wachstumsraten von mehr als zehn Prozent erreichen wird. Vor diesem Hintergrund ist bei den meisten Aktien von Automobilfirmen nicht mit außerordentlich hohen Kurszuwächsen zu rechnen. Warum sollte der Wert eines Unternehmens auch stärker zulegen als Umsatz und Gewinn? Zwischenzeitlich kann der Aktienkurs allerdings aufgrund externer Einflüsse (Börsencrash, Finanzkrise) natürlich immer wieder vom normalen Wachstum abweichen. So ist etwa der Aktienkurs von BMW in den 20 Jahren von 1991 bis 2011 um 600 Prozent gestiegen. Klingt nach viel, es sind aber pro Jahr nur knapp zehn Prozent. Der Anstieg erfolgte jedoch alles andere als linear. Insbesondere die Auswirkungen der Finanzkrise lassen sich deutlich ablesen. Innerhalb von nur zwei Jahren hat der Kurs 60 Prozent an Wert eingebüßt. Diese extrem tiefen Kurse waren dann die Basis für die Kursverdreifachung in den folgenden beiden Jahren. Mit dem richtigen Timing kann man also auch mit Aktien aus langsam wachsenden Märkten

Geld verdienen. Rückblickend ist das immer leicht zu sagen, aber mal ehrlich, hätten Sie den Mut gehabt, auf dem Höhepunkt der Finanzkrise im Frühjahr 2008 Aktien von BMW zu kaufen? Und wenn Sie schon so mutig gewesen wären, dann statt BMW doch lieber Infineon, denn damit hätten Sie ihr Geld in zwei Jahren nicht nur verdrei-, sondern versechzehnfacht. Jetzt aber genug mit der langweiligen Autobranche und hinein in die Märkte, denen das große Wachstum erst noch bevorsteht.

ECHTE WACHSTUMSMÄRKTE

Während Märkte für etablierte Produkte ihr größtes Wachstumspotenzial bereits ausgereizt haben, entstehen insbesondere im Technologiebereich immer wieder völlig neue Wachstumsmärkte, die anfänglich sogar hohe dreistellige prozentuale Wachstumsraten aufweisen. Ein gutes Beispiel hierfür sind die 2010 neu auf den Markt gekommenen Tablet-PCs. Im ersten Jahr wurden insgesamt 19,2 Millionen Geräte verkauft, davon waren 84 Prozent iPads von Apple. Kein Wunder, schließlich hatte der kalifornische Technologiekonzern die kleinen Touchscreen-PCs schließlich auch als Erster auf

ABBILDUNG 3.1 | ÜBER 1.000 PROZENT WACHSTUM BIS 2015
ABSÄTZE VON TABLET-PCS IN MILLIONEN STÜCK

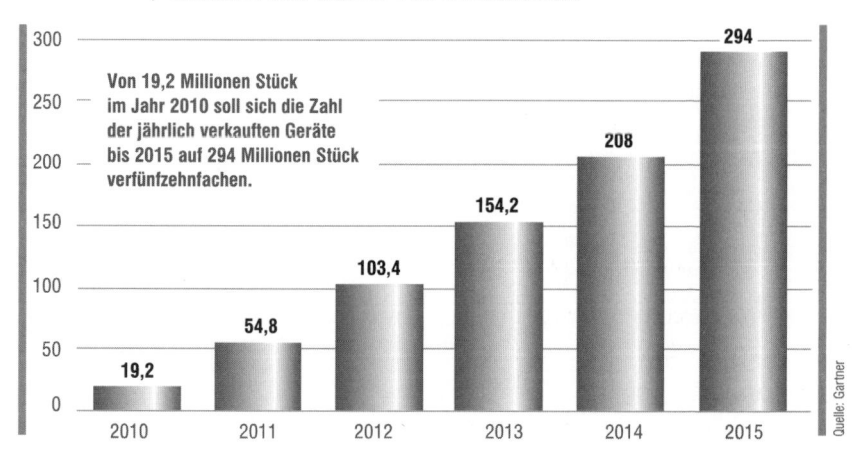

Von 19,2 Millionen Stück im Jahr 2010 soll sich die Zahl der jährlich verkauften Geräte bis 2015 auf 294 Millionen Stück verfünfzehnfachen.

Jahr	2010	2011	2012	2013	2014	2015
Mio. Stück	19,2	54,8	103,4	154,2	208	294

Quelle: Gartner

den Markt gebracht. Im zweiten Jahr nach der Markteinführung, also 2011, soll sich der weltweite Absatz auf 54,8 Millionen Geräte fast verdreifachen, prognostiziert das US-Research-Unternehmen Gartner. 2015 sollen dann sogar fast 300 Millionen Geräte pro Jahr abgesetzt werden. Kein anderes Produkt der PC-Branche hatte in den ersten Jahren auch nur annähernd vergleichbar hohe Wachstumsraten aufzuweisen. Zwar wird Apple im Laufe der Jahre Marktanteile verlieren, aber auch 2015 wird noch fast jeder zweite verkaufte Tablet-PC ein iPad von Apple sein, prognostiziert Gartner.

Die Schlussfolgerung der Tablet-PC-Prognose ist klar: Apple wird seine iPad-Umsätze bis 2015 voraussichtlich verzehnfachen – also einfach Apple-Aktien kaufen. Wahrscheinlich ist das keine schlechte Idee, allerdings sind so außergewöhnliche Kurszuwächse wie in den vergangenen acht Jahren, als der Kurs bekanntlich um über 5.000 Prozent in die Höhe schnellte, natürlich nicht mehr möglich. Der Apple-Konzern hatte Anfang 2011 bereits einen stolzen Börsenwert von 320 Milliarden Dollar, da wird die Luft für weitere Kurssteigerungen recht dünn.

Dann also einfach auf einen Konkurrenten ausweichen? Die Nummer 2 kaufen? Aber wer wird das sein? Samsung, Acer oder vielleicht Hewlett-Packard? Besser nicht, denn die genannten Unternehmen sind allesamt Großkonzerne, bei denen sich Verkaufserlöse im Tablet-PC-Markt nur marginal auf die Gesamtbilanz auswirken dürften. Bleibt noch Google. Der US-Suchgigant stattet immerhin die meisten Hersteller mit seinem Betriebssystem Android aus. Aber auch bei Google dürften sich die Auswirkungen der Erlöse bezogen auf den Gesamtumsatz des Milliardenkonzerns in Grenzen halten. Und auch Googles hoher Börsenwert von 170 Milliarden Dollar begrenzt das Aufwärtspotenzial.

DIE MOBILE REVOLUTION

Gibt es wirklich keine Möglichkeit, vom den dramatischen Wachstumsraten im Tablet-PC-Markt zu profitieren? Doch, es gibt sie, hierfür muss man lediglich etwas um die Ecke denken – obwohl sich die zu erbringende Transferleistung wirklich in Grenzen hält. Was nützt das coolste iPad oder der schnellste

Tablet-PC eines anderen Herstellers ohne Software? Der Begriff „Software" ist längst überholt, mittlerweile werden die Anwendungen für mobile Endgeräte „Apps" genannt. Und dieser Markt wächst gleich mehrdimensional. Zum einen lädt sich jeder Nutzer mehr und mehr Apps herunter, zum zweiten wächst die App-Nachfrage natürlich auch mit jedem verkauften Endgerät.

Und deren Zahl wird in den kommenden Jahren rasant anwachsen. Neben den 300 Millionen Tablet-PCs sollen im Jahr 2015 fast eine Milliarde Smartphones verkauft werden. Insgesamt wird die Gesamtzahl aller verkauften Smartphones und Tablet-PCs dann 5,6 Milliarden Geräte betragen, prognostiziert eine Studie des Netzwerkspezialisten Cisco. Zum Vergleich: Die Absätze bei den Personal Computern in den ersten Jahren nach der Einführung erreichten lediglich einige Hundert Millionen Stück. Der mobile Datenverkehr wird in den kommenden Jahren geradezu explodieren. Im Jahr 2010 wurden pro Monat 237 Petabyte übertragen, was ungefähr 60 Millionen DVDs entspricht. Bis zum Jahr 2015 sollen es 6.254 Petabyte werden – eine Steigerung um den Faktor 26, exakt sind es 2.538 Prozent!

Der Löwenanteil der Datenflut wird auf das Konto der Übertragung von bewegten Bildern gehen, aber auch das App-Angebot wird rasant wachsen.

ABBILDUNG 3.2 | MOBILES INTERNET WELTWEIT
PROGNOSE GLOBALER DATENTRANSFER IN PETABYTE* PRO MONAT

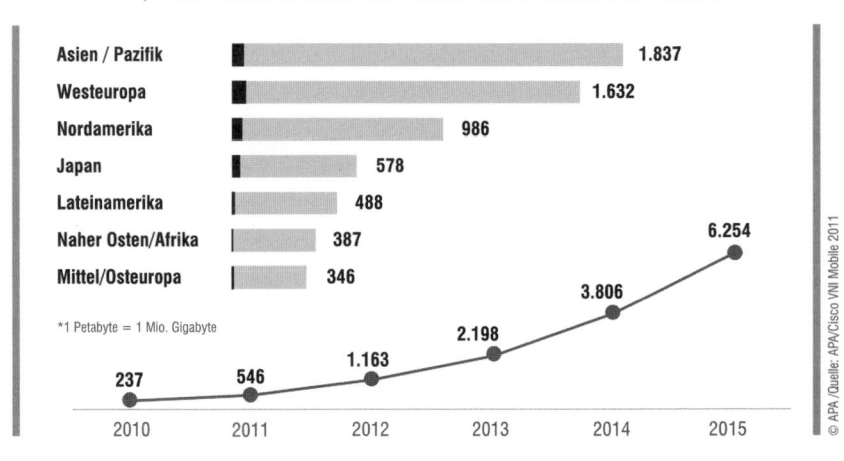

Region	Petabyte
Asien / Pazifik	1.837
Westeuropa	1.632
Nordamerika	986
Japan	578
Lateinamerika	488
Naher Osten/Afrika	387
Mittel/Osteuropa	346

*1 Petabyte = 1 Mio. Gigabyte

2010	2011	2012	2013	2014	2015
237	546	1.163	2.198	3.806	6.254

© APA /Quelle: APA/Cisco VNI Mobile 2011

KAPITEL | OHNE WACHSTUM
DREI | GEHT NICHTS

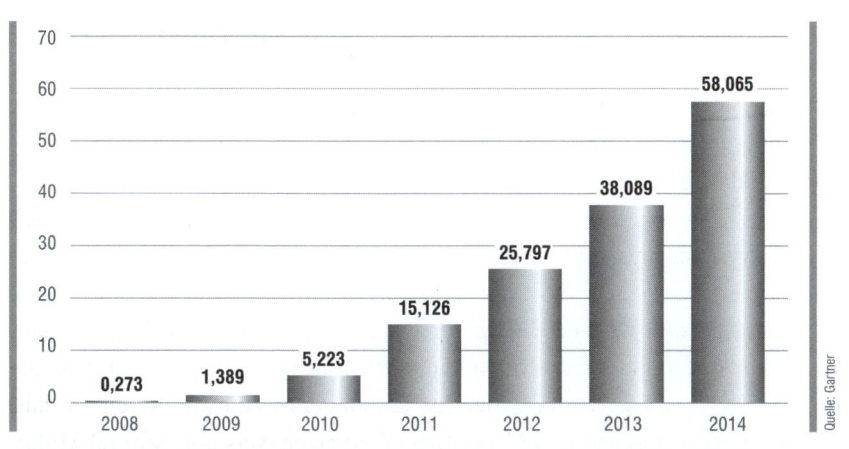

ABBILDUNG 3.3 | **EIN APP-SOLUTER MILLIARDENMARKT**
UMSÄTZE MIT APPS IN MILLIARDEN US-DOLLAR

Jahr	Umsatz
2008	0,273
2009	1,389
2010	5,223
2011	15,126
2012	25,797
2013	38,089
2014	58,065

Quelle: Gartner

Der Markt für Apps startete erst im Jahr 2008 – und wieder einmal war es Apple, der mit seinem App-Store der Initiator war. Die weltweiten Umsätze hielten sich zum Start mit 273 Millionen Dollar jährlich noch in engen Grenzen. Zwei Jahre später war dieser Betrag schon auf stolze 5,2 Milliarden Dollar angewachsen und im Jahr 2011 sollen insgesamt fast 18 Milliarden Apps heruntergeladen werden, die für Umsätze von über 15 Milliarden Dollar sorgen. Erst in den folgenden Jahren wird sich das Wachstum etwas abschwächen, aber bis 2014 noch immer bei rund 50 Prozent liegen, prognostizieren die Marktforscher von Gartner. 2014 wird der Markt dann ein Volumen von gigantischen 58 Milliarden Dollar haben.
Die Ende der 90er-Jahre als „Internet-Queen" bekannt gewordene Analystin Mary Meeker spricht von einer mobilen Revolution. Der Markt werde schneller wachsen und größer werden als der des „normalen" Internets.
Den größten Anteil der Apps machen übrigens Spiele aus. Und hier wird es interessant: Während bei der Hardware die großen Hersteller den Markt dominieren, kommen die beliebtesten Spiele-Apps zumeist von kleinen, unbekannten Herstellern. Einer von ihnen ist Rovio aus Finnland. Das Unternehmen ist leider (noch) nicht börsennotiert. Die findigen Finnen

haben das Spiel „Angry Birds" entwickelt, das in kürzester Zeit über 250 Millionen mal heruntergeladen wurde. Das entspricht der dreifachen Einwohnerzahl Deutschlands. Ziel des Spiels ist es übrigens, bunte Vögel mit einer Schleuder auf grüne Schweinchen abzufeuern.

Viele große Spielehersteller wären schon über einen Bruchteil dieser Absätze froh. Kein Wunder also, dass um die kleinen Softwareschmieden wie Rovio eine wahre Übernahmeschlacht entbrannt ist.

GLU MOBILE. 275 PROZENT SIND NICHT GENUG

Wie erwähnt ist Rovio leider nicht börsennotiert, hier hätten sich bestimmt abenteuerliche Renditen einfahren lassen. Also machte ich mich auf die Suche nach weiteren Firmen. Im Herbst 2010 bin ich auf einen Anbieter gestoßen, der sogar schon im Jahr 2007 an die Börse gegangen ist. Damals gab es noch so gut wie keine Smartphones und so hatte sich das Unternehmen Glu Mobile voll auf Spiele für normale Handys fokussiert. Das Problem war nur, dass damals kaum jemand mit seinem Mobiltelefon spielen wollte und schon gar nicht bereit war, dafür Geld zu bezahlen. Einen Vertriebskanal,

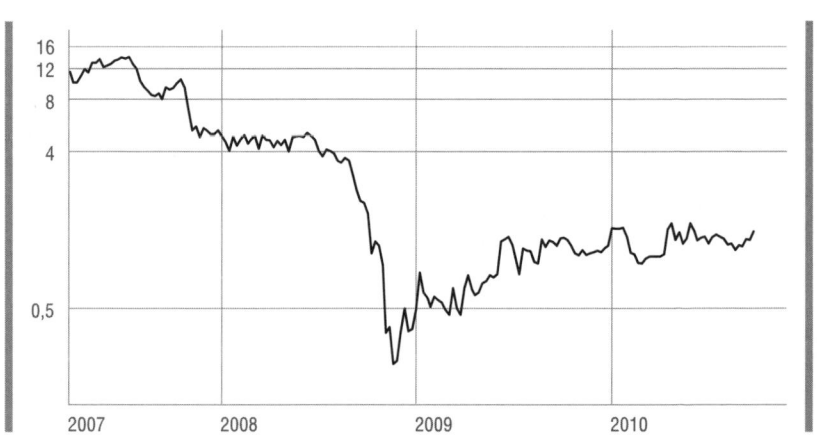

ABBILDUNG 3.4 | **GLU MOBILE** IN US-DOLLAR
2007 BIS 1. OKTOBER 2010

vergleichbar mit dem App-Store, gab es ebenfalls nicht. Und so war Glu Mobile darauf angewiesen, dass die großen Mobilfunkprovider für Spielelizenzen, die dann auf den Handys vorinstalliert wurden, einige Dollars zahlten – ein mühsames und wenig lukratives Geschäft. Glu Mobile rutschte tief in die roten Zahlen. Die 84 Millionen Dollar, die Glu Mobile beim Börsengang in die Kassen gespült wurden, waren innerhalb weniger Jahre aufgebraucht.

Im Jahr 2010 stand das Unternehmen kurz vor der Pleite. Der Aktienkurs war von zwölf Dollar auf zeitweise unter 30 Cent abgestürzt (Abb. 3.4). Ein neuer Vorstandschef riss dann das Ruder gerade noch rechtzeitig herum. Er richtete das Unternehmen voll auf den neuen Smartphone-Trend aus. Eine im Sommer 2010 durchgeführte Kapitalerhöhung zum Kurs von einem Dollar spülte 13,5 Millionen Dollar frisches Geld in die Kassen.

Obwohl das neue Geschäftsmodell abenteuerlich klang, ging die Kapitalerhöhung glatt über die Bühne, und es schien, als könne die Trendwende gelingen. So kaufte ich im September 2010 für das Musterdepot des „maydornreport" eine Position Glu-Mobile-Aktien zum Kurs von 1,33 Dollar. Nur gut zwei Monate später notierte die Aktie 70 Prozent höher (Abb. 3.5).

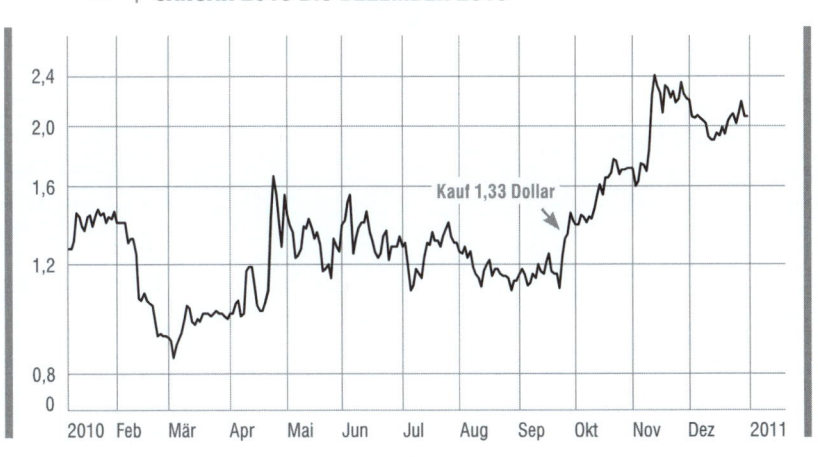

ABBILDUNG 3.5 | **GLU MOBILE** IN US-DOLLAR
JANUAR 2010 BIS DEZEMBER 2010

KAPITEL DREI | OHNE WACHSTUM GEHT NICHTS

Nach einem so starken Anstieg empfahl ich meinen Lesern, einen Teil der Position zu verkaufen – zu früh, sogar viel zu früh, wie sich schon wenig später herausstellte.

Aber zunächst zurück zum neuen Geschäftsmodell von Glu Mobile: Die Spiele selbst werden über App-Stores kostenlos angeboten. Geld verdient Glu Mobile damit, dass die Käufer innerhalb des Spiels Zusatzfeatures erwerben können, um schneller voranzukommen. Und diese virtuellen Extras, also zum Beispiel besondere Waffen, kosten echtes Geld. Darüber hinaus wird in den Spielen Werbung platziert, die sich Glu Mobile bezahlen lässt. Klingt vielleicht ungewöhnlich und etwas abenteuerlich, aber das Geschäft mit den sogenannten Freemium-Games läuft. Innerhalb kürzester Zeit gelang es dem Unternehmen gleich mehrere Spiele in den Hitlisten zu platzieren und die Nutzer der Spiele zum Erwerb von Zusatzfeatures zu animieren. Die Umsätze schnellten in die Höhe.

Kein Wunder also, dass auch die Aktie ihren Höhenflug fortsetzte. Nur wenige Wochen nach dem Teilverkauf hatte der Wert bereits die magische 100-Prozent-Marke erreicht. Aber damit war das Ende der Aufwärtsbewegung noch längst nicht erreicht. Im Gegenteil, eine einsetzende Übernahmewelle

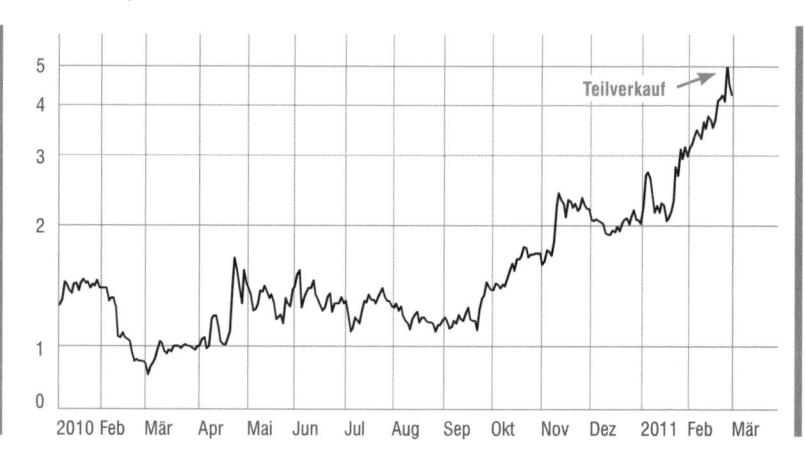

ABBILDUNG 3.6 | GLU MOBILE IN US-DOLLAR
JANUAR 2010 BIS MÄRZ 2011

KAPITEL DREI | OHNE WACHSTUM GEHT NICHTS

in der Branche sorgte für weitere Kursfantasie. Einige nicht börsennotierte Mitbewerber wurden für hohe dreistellige Millionenbeträge aufgekauft. Die Kaufpreise lagen etwa zwischen dem Sechs- bis Zehnfachen des Jahresumsatzes. Im Vergleich dazu war Glu Mobile noch günstig. Der Börsenwert belief sich nur auf etwas mehr als das Doppelte der jährlichen Erlöse. Das erkannten auch andere Investoren und so stieg die Aktie munter weiter und erreichte im Februar 2011 ein Niveau von knapp 5,00 Dollar. Damit hatte der Kurs innerhalb von nur fünf Monaten um 275 Prozent zugelegt. Ich entschloss mich, einen weiteren Teil der Position zu verkaufen (Abb. 3.6.). Ein kompletter Verkauf der Position kam nicht infrage. Warum sollte man sich auch von einer Aktie trennen, bei der alles zusammenpasst und die in einem der größten Wachstumsmärkte unterwegs ist? Das Research-Unternehmen Juniper schätzt, dass die Gesamterlöse im Bereich Mobile Netzwerke bis zum Jahr 2015 auf über eine Billion Dollar jährlich anwachsen werden. In der Menschheitsgeschichte gab es bisher nur vier Industriezweige, die dieses Niveau erreicht haben: Automobile, Lebensmittel, Chemie und – traurig, aber wahr – die Rüstungsindustrie. Entscheidend ist hier aber, dass diese Branchen das größte Wachstum bereits hinter sich haben, also schon

ABBILDUNG 3.7 | **GLU MOBILE** IN US-DOLLAR
JANUAR 2010 BIS JUNI 2011

nahezu gesättigt sind, während sich der mobile Datenverkehr noch in den Anfängen befindet.

Sie wollen sicherlich wissen, wie es mit der Aktie weitergegangen ist. Nach dem steilen Anstieg von immerhin 150 Prozent innerhalb von sechs Wochen war eine Korrekturbewegung kaum zu verhindern. Sie kam dann auch und drückte den Wert kurzzeitig um 40 Prozent nach unten. Ein solcher Abschlag ist wirklich nur zu tolerieren, wenn er die Reaktion auf eine zuvor erfolgte Kursexplosion ist. Im Falle von Glu Mobile war es die richtige Entscheidung, an der Aktie festzuhalten. Sie setzte den Höhenflug fort und erreichte bereits im Mai 2011 neue Höchstkurse (Abb. 3.7).

DIE S-KURVE VOM MANN DER EXTREME

Eine sehr anschauliche Darstellung für die Marktdurchdringung von neuen Produkten hat der Finanzexperte und Buchautor Harry S. Dent entwickelt: die S-Kurve, die die Marktdurchdringung eines neuen Produktes im Verhältnis zur Zeitdauer beschreibt. Sein 1998 erschienenes Buch „The Roaring 2000s", auf deutsch „Die goldenen 2000er", war mitverantwortlich für meine damalige Aktieneuphorie. Dent prognostizierte, dass der Dow Jones bis zum Jahr 2008 auf 41.500 Punkte steigen würde. Das hat, wie wir wissen, nicht ganz geklappt. Vor einigen Jahren ist Dent ins Lager der Bären gewechselt. Entsprechend haben auch seine Buchtitel eine 180-Grad-Wende vollzogen. Ein Werk heißt „Depression voraus" und warnt vor dem parallelen Absturz von Aktien und Rohstoffen. Dent liebt die Extreme, und auch wenn seine Prognosen selten eintreffen, so sind seine Bücher auf jeden Fall ausgesprochen unterhaltsam.

Aber zurück zur S-Kurve, die übrigens auch in anderen Bereichen zum Einsatz kommt. Die von Dent adaptierte Version finde ich aber besonders gelungen. Ein völlig neues Produkt wird in den ersten Jahren in der Regel nur schleppend von den Konsumenten angenommen. Es dauert oft einige Jahre, bis es einen Marktanteil von zehn Prozent erreicht. So war es beim Automobil, beim PC, beim Mobiltelefon, beim Internet oder auch aktuell beim Smartphone oder beim Tablet-PC. Das Erreichen der 10-Prozent-Marke löst dann

ABBILDUNG	DIE S-KURVE
3.8	MARKTDURCHDRINGUNG IN PROZENT

```
Innovation    |    Wachstum    |    Sättigung
                        90%          99%   99,9%
               50%
        10%
0,1%  1%
                       Zeit
```

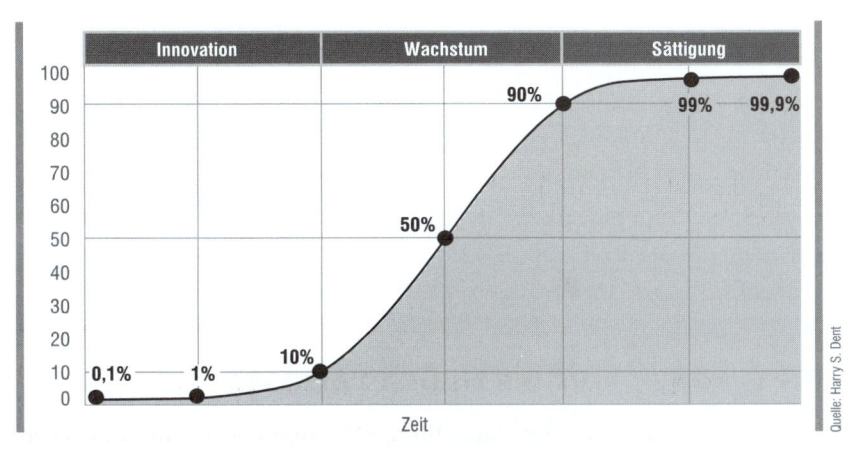

Quelle: Harry S. Dent

jedoch eine Art Initialzündung aus. Die Absätze schießen in die Höhe, und der Zeitraum, bis die Marke von 90 Prozent erreicht ist, ist in etwa so lang wie der für den Anstieg auf zehn Prozent. Bei einer Marktdurchdringung von 90 Prozent verlangsamt sich das Wachstum dann wieder deutlich, es beginnt die Sättigungsphase.

Die spannendste Phase für Unternehmen und Aktien ist zweifellos der Beginn der starken Wachstumsphase, also das Erreichen der 10-Prozent-Marke. Hier entsteht die größte Dynamik, die Erwartungshaltung erreicht einen Höhepunkt. Zahlreiche neue Player drängen auf den Markt. Die Kurse der Aktien können in dieser Zeit durchaus um einige Hundert Prozent in die Höhe schießen.

Allerdings setzt dann in etwa bei einer Marktdurchdringung von 50 Prozent am Aktienmarkt oftmals ein Shake-Out ein. Viele Unternehmen können die hochgesteckten Erwartungen nicht erfüllen, die Aktienkurse korrigieren, einige sogar sehr stark. Während des Internetbooms waren sowohl der Anstieg als auch der anschließende Shake-Out besonders extrem. Dutzende Firmen überlebten ihn nicht und rutschten in die Pleite. Die „Überlebenden" teilen den Markt unter sich auf und entwickeln sich weiter.

Die Aktienkurse dieser Firmen steigen auf neue Höhen, so geschehen etwa bei Amazon.com oder Ebay.

Mittlerweile hat das „normale" Internet mit einer Marktdurchdringung von rund 80 Prozent in Deutschland die Sättigungsphase fast erreicht. Bei Handys ist sogar schon die Marke von 100 Prozent überschritten worden, weil immer mehr Nutzer gleich zwei Geräte besitzen. Allerdings hatten im Jahr 2011 erst gut 20 Prozent der Deutschen ein internetfähiges Smartphone. Die Marktdurchdringung von Tablet-PCs dürfte bei unter fünf Prozent liegen. Allerdings werden Tablet-PCs wohl nie eine Marktdurchdringung von 100 Prozent erreichen. Im Endergebnis befinden sich Smartphones, Tablet-PCs und das mobile Internet jedoch am Beginn ihrer wachstumsstärksten Phasen. Gleiches gilt auch für mobile Applikationen. In diesen Märkten wird es in den kommenden Jahren noch zahlreiche Aktien geben, deren Kurse um 100 oder mehr Prozent zulegen. Aber auch ein Shake-Out wird sich wohl kaum vermeiden lassen.

SCHNELLE PFERDE UND LAHME ENTEN

Wie schnell es mit den Kursen nach oben gehen kann, wenn die kritische Masse erreicht ist, hat das Beispiel Glu Mobile eindrucksvoll gezeigt. Und auch diese Wachstumsstory befindet sich ja erst noch in den Anfängen, zumal Glu Mobile neben dem Wachstumsmarkt Mobile Gaming gleich noch einen weiteren boomenden Sektor bedient: den des sogenannten Social Gaming, also Spiele, die innerhalb von sozialen Netzwerken gespielt werden – allen voran natürlich auf Facebook, das Mitte des Jahres 2011 rund 700 Millionen Mitglieder zählte. Einige Spiele hat Glu Mobile bereits auf Facebook veröffentlicht. Dass sich damit gutes Geld verdienen lässt, hat das US-Unternehmen Zynga unter Beweis gestellt. Zynga ist der Entwickler der bekannten Netzwerkspiele „Farmville" und „Cityville". Bei „Farmville" gelang es, innerhalb von nur 42 Tagen die beeindruckende Zahl von 100 Millionen Mitspielern zu erreichen. So etwas ist nur in Zeiten sozialer Netzwerke möglich. Noch vor zehn Jahren hätte es vermutlich Jahre gedauert, eine solche Menge an Menschen für ein Produkt zu begeistern – und es hätte Hunderte von Millionen an Marketingaufwendungen verschlungen. Zynga konnte sich einfach darauf verlassen, dass die Facebook-Nutzer die Nachricht über ein neues Spiel an ihre Freunde übermitteln.

Übrigens sind bei Zynga die Spiele selbst ebenfalls kostenlos. Bezahlt werden muss nur für virtuelle Zusatzfeatures, mit denen man schneller vorankommt. Obwohl hiervon weniger als zehn Prozent der Spieler Gebrauch machen, hat Zynga mit den virtuellen Gütern 2010 rund 850 Millionen Dollar umgesetzt und dabei stolze 400 Millionen Dollar verdient.

Der Wert des Unternehmens, das Mitte 2011 kurz vor dem Börsengang stand, wird auf rund zehn Milliarden Dollar taxiert. Zum Vergleich: Glu Mobiles Börsenwert lag zu diesem Zeitpunkt bei 240 Millionen Dollar, allerdings waren die jährliche Umsätze mit rund 70 Millionen Dollar auch deutlich geringer. Und vielleicht der wichtigste Unterschied: Glu Mobile war im Gegensatz zu Zynga noch nicht profitabel. Das Beispiel von Zynga zeigt aber, wie schnell eine Marktdurchdringung dank der Nutzung einer Mega-Plattform wie Facebook möglich ist. Zynga wurde erst im Jahr 2007 gegründet. Schade, dass das Unternehmen nicht schon früher an die Börse gegangen ist, der Wert hätte zweifellos eine beachtliche Performance aufs Parkett gelegt.

Wachstum ist die Triebfeder für steigende Unternehmensgewinne und letztlich auch für steigende Aktienkurse. In diesem Kapitel ging es fast ausschließlich um Technologie-Aktien. Nicht ohne Grund, denn hier sind auch in den kommenden Jahren die höchsten Wachstumsraten zu erwarten. Und es können in kürzester Zeit komplett neue Märkte entstehen. Wer rechtzeitig in die richtigen Titel investiert, kann in kurzer Zeit hohe Renditen einfahren. Wer jedoch auf die falschen Pferde setzt oder zu spät dran ist, dem drohen hohe Verluste.

Das „beste" Beispiel hierfür ist Nokia. Die Finnen dominierten jahrelang fast nach Belieben den Markt für Mobiltelefone und eigentlich war der Konzern in einer geradezu optimalen Position, auch im neuen Milliardenmarkt der Smartphones ganz vorne mitzumischen. Die Finnen verschliefen den Markt jedoch weitgehend, kamen zu spät oder entwickelten Produkte an den Wünschen der Kunden vorbei. Während Apple mit seinem iPhone Milliardengewinne einfuhr, rutschte Nokia tief in die roten Zahlen.

KAPITEL | OHNE WACHSTUM
DREI | GEHT NICHTS

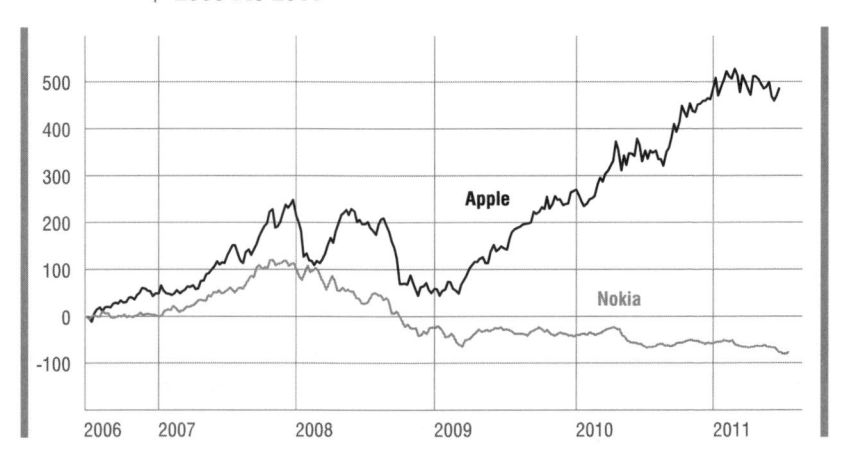

ABBILDUNG | **VERGLEICH APPLE / NOKIA** IN PROZENT
3.9 | **2006 BIS 2011**

Der Aktienkurs rutschte mit. Von Anfang 2008 bis Mitte 2011 fiel der Wert von 25 auf nur vier Euro, was einem Verlust von über 80 Prozent entspricht. Eine unterschiedlichere Entwicklung konnte es kaum geben. In den letzten fünf Jahren konnten Apple-Investoren ihren Einsatz mehr als vervierfachen, während Nokia-Aktionäre drei Viertel ihres Geldes verloren. Um diese Entwicklung vorherzusagen, musste man nun wirklich kein Experte sein. Ein Blick auf die Produkte und deren Erfolge und ein zweiter auf die Entwicklung von Umsätzen und Gewinnen, und es wäre bereits vor einigen Jahren klar gewesen, dass Apple „in" und Nokia „out" ist.

KAPITEL VIER | INEFFIZIENZEN, GIER, ANGST, BLASEN

KAPITEL VIER | INEFFIZIENZEN, GIER, ANGST, BLASEN

Ein Ökonom und sein Freund laufen die Straße entlang. Der Freund zeigt auf einen 50-Euro-Schein, der auf dem Bürgersteig liegt. Daraufhin sagt der Ökonom: „Dieser Geldschein ist nicht wirklich da, denn wäre er es, hätte ihn längst jemand aufgehoben." Auch an der Börse gibt es immer wieder Aktien, bei denen man sich fragt, warum sie eigentlich so günstig sind. Dabei darf das eigentlich gar nicht sein, denn die Börse folgt schließlich der Markteffizienztheorie, nach der alle kursrelevanten und für die Allgemeinheit zugänglichen Informationen nach dem Prinzip „Der Markt hat immer recht" bereits im Kurs enthalten sind. Wenn also eine Aktie vermeintlich zu günstig ist, dann werden sich sofort Käufer finden und den Kurs durch ihre Käufe auf ein angemessenes Niveau bringen. Eine Folgerung der Markteffizienztheorie ist die Random-Walk-Theorie, die auch als „Theorie der symmetrischen Irrfahrt" beschrieben wird. Sie besagt, dass Verläufe von Aktienkursen zufällig und nicht prognostizierbar sind.

Die Schlussfolgerung der Markteffizienztheorie ist, dass niemand dauerhaft überdurchschnittliche Gewinne erzielen kann. Jede Aktie ist zu jeder Zeit fair bewertet und zukünftige Kursschwankungen sind rein zufällig. So weit die Theorie. In der Praxis zeigt sich jedoch ein ganz anderes Bild. Oder wie kann es sein, dass eine Aktie wie Infineon im März 2009 auf unter 0,50 Euro gefallen ist und zwei Jahre später bei über acht Euro notiert? Kann sich der Wert einer Firma in so kurzer Zeit wirklich versechzehnfachen? Und wie konnte es überhaupt passieren, dass die Aktie so tief fällt? Warum haben bei Kursen von unter einem Euro nicht Hunderte von Anlegern beherzt zugegriffen? Und wer bitte hat bei unter 0,50 Euro noch verkauft?

Und wer hat eigentlich Infineon-Aktien im Jahr 2000 gekauft, als noch sagenhafte 90 Euro für ein Papier gezahlt wurden? War es nicht völlig klar, dass die Aktie zu diesen Preisen völlig übertreuert war? Sind sowohl bei 90 Euro als auch bei 0,50 Euro sämtliche kursrelevanten Informationen berücksichtigt worden? Wurde wirklich der tatsächliche Wert des Unternehmens widergespiegelt? Mit Sicherheit nicht. Maßgeblich für beide Kursextreme waren in erster Linie Gier und Angst der Anleger. Die Käufer bei 90 Euro hatten einfach die Erwartung, der Kurs könne noch weiter steigen – damals hatte die Euphorie an den Börsen bekanntlich ihren Höhepunkt erreicht.

KAPITEL | INEFFIZIENZEN,
VIER | GIER, ANGST, BLASEN

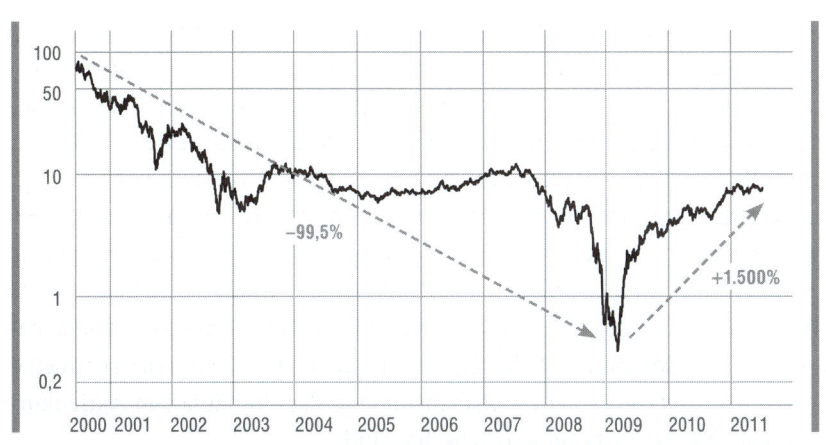

ABBILDUNG | **INFINEON** IN EURO
4.0 | **2000 BIS JUNI 2011**

−99,5%

+1.500%

Die Verkäufer bei 0,50 Euro hatten einfach Angst vor noch weiter fallenden Kursen oder waren sogar gezwungen, ihre Aktien zu verkaufen. Im Frühjahr 2009 hatte die Finanzkrise ihren Höhepunkt erreicht.

Die Börse ist alles andere als effizient und das liegt in erster Linie daran, dass sie nicht vom aus BWL-Büchern bekannten Homo oeconomicus bewegt wird, also von rein rationalen Nutzenmaximierern, sondern von Menschen, die sich oftmals alles andere als rational verhalten. Sie sind getrieben von starken Gefühlen wie Angst und Gier oder leiden unter Kopfschmerzen oder Durchfall. Es klingt vielleicht trivial, aber ich möchte nicht wissen, wie hoch die Summe aller erwirtschafteten Verluste ist, die direkt oder indirekt mit der körperlichen oder psychischen Verfassung der Anleger zu tun hatte. Das heißt, ehrlich gesagt würde ich es gerne wissen, es muss ein geradezu astronomischer Betrag sein.

VON TULPEN UND BLASEN

Die Summe, die in der Geschichte der Menschheit durch irrationales Verhalten, allen voran Gier und Angst, vernichtet worden ist, sprengt wahrscheinlich jegliche Vorstellungskraft. Spekulationsblasen sind so alt wie die Menschheit. Die erste wirklich gut dokumentierte Spekulationsblase bildete sich in Holland in den Jahren 1635 bis 1637, also vor rund 370 Jahren. Damals wurde nicht mit Aktien gehandelt, sondern mit Tulpenzwiebeln. Eine ganze Nation zockte mit und trieb den Preis für eine einzige Tulpenzwiebel auf 10.000 Gulden. Für diesen Betrag hätte man sich damals auch ein schönes Häuschen in bester Lage kaufen können. Aus heutiger Sicht muss man sich fragen: Wie konnte jemand nur so dumm sein, so viel Geld für eine Tulpenzwiebel auszugeben? Dann hätten Sie den Verkäufer dieser Zwiebel drei Wochen zuvor fragen sollen, warum er bereit war, für die Zwiebel 5.000 Gulden zu bezahlen. Ganz einfach, er hatte auf weiter steigende Preise spekuliert und in kürzester Zeit seinen Einsatz verdoppelt. Die Käufer von Derivaten, also von Bezugsrechten oder Terminkontrakten – auch die gab es damals schon –, haben vielleicht sogar noch mehr verdient. Im Februar 1737 war es plötzlich vorbei mit dem holländischen Tulpenwahn. Der Blumen-Boom mündete in kürzester Zeit in ein Flora-Fiasko. Die Preise stürzten um 95 Prozent ab, was für Tausende von Anlegern den Ruin bedeutete.

Die holländische Tulpenmanie steht stellvertretend für alle nachfolgenden Spekulationsblasen. Die Parallelen sind geradezu erschreckend. Aber auf der anderen Seite lässt sich zu keiner anderen Zeit mehr Geld verdienen. Während man in normalen Börsenphasen nicht selten einige Jahre auf dreistellige Renditen warten muss, erzielt man diese in Boomphasen oftmals innerhalb weniger Wochen. Allerdings muss man in der Lage sein, rechtzeitig den Absprung zu schaffen. Und genau das ist verdammt schwer. Im Zweifelsfall also lieber zu früh aussteigen als zu spät.

DER INTERNET-HYPE

Ich gebe es zu, auch ich habe den Absprung während des Internet-Hypes um die Jahrtausendwende nicht rechtzeitig geschafft. Natürlich gab es genug Warnsignale und zweifellos waren die Aktien im Frühjahr 2000 überteuert. Das waren sie ein halbes Jahr zuvor aber auch schon, dennoch haben die meisten Papiere noch einmal um 100 oder mehr Prozent zugelegt.

KAPITEL VIER | INEFFIZIENZEN, GIER, ANGST, BLASEN

Damals hätte übrigens ein Buch mit dem Titel „100 Prozent mit Aktien" wahrscheinlich wie Blei in den Regalen gelegen. Denn 100 Prozent hat ja damals jeder blutige Anfänger innerhalb weniger Wochen verdient. Ein blutiger Anfänger war ich mit immerhin zehn Jahren Börsenerfahrung sicherlich nicht mehr, aber vor allem zwei Dinge haben mich sehenden Auges in den Untergang getrieben. Zum einen hatte ich in den Jahren zuvor schon einige Male mit einem Ende der Aufwärtsbewegung gerechnet und meine Aktien verkauft – um dann jedes mal teurer wieder einsteigen zu müssen. Und wie ärgerlich ist es, eine Aktie mit 30 Euro zu verkaufen, um dann einige Tage später mit 40 Euro wieder kaufen zu müssen. Aber wenn sie dann wenige Wochen später bei 100 Euro steht, ist das natürlich locker zu verschmerzen. Dabei sein war in diesen Tagen alles.

Darüber hinaus habe ich zwar mit einer heftigen Korrektur gerechnet, durchaus auch mit Abschlägen von 30 oder 40 Prozent, aber nicht damit, dass die meisten Aktien über 90 Prozent einbrechen und viele Firmen sogar direkt in die Pleite steuern. Wenn eine Aktie innerhalb weniger Monate um 200 oder 300 Prozent steigt, dann kann sie durchaus um 30 oder 40 Prozent korrigieren. Und wenn dies passiert, dann ist es eine erstklassige Kaufgelegenheit. Das Nachkaufen in Korrekturphasen war damals eine gute Möglichkeit, seine ohnehin beeindruckende Rendite noch einmal deutlich aufzupolieren. Und es war der sichere Weg ins finanzielle Desaster, als die Korrektur in den Jahren 2000 und 2001 einfach nicht mehr aufhören wollte und viele Aktien um über 90 Prozent abschmierten.

Spätestens nach dem Platzen der Dotcom-Blase wusste ich, dass an der Börse alles passieren kann – auch die unwahrscheinlichsten Dinge. Als Aktionär muss man mit allem rechnen, und zwar sowohl im positiven als auch im negativen Sinne. Niemand hätte sich im Jahr 2003 auch nur in den kühnsten Träumen vorstellen können, dass Apple innerhalb von acht Jahren um 5.000 Prozent steigen wird. Und niemand hätte vor Ausbruch der Finanzkrise glauben können und wollen, dass innerhalb von nur wenigen Monaten Hunderte von Banken ausradiert werden könnten, darunter so große Institute wie Lehman Brothers, Washington Mutual oder die deutsche Hypo Real Estate.

KAPITEL | INEFFIZIENZEN,
VIER | GIER, ANGST, BLASEN

NETEASE.COM, DIE CHANCE DES JAHRZEHNTS

Am Ende sind es aber gerade die großen Bewegungen, die es für sich auszunutzen gilt – große, möglichst lang anhaltende Trends. Und am besten ist es natürlich, wenn es sich nicht um eine Blase handelt, bei deren Platzen einem dann die Positionen nur so um die Ohren fliegen. Die Börse ist alles andere als effizient und es gilt, die vorhandenen Ineffizienzen zu seinem Vorteil auszunutzen.

Was ich damit meine, wird an Extremsituationen sehr gut deutlich, denn dann sind die Ineffizienzen am größten. Auf dem Höhepunkt des Internet-Hypes wurden Unternehmen zum Teil mit dem 100-Fachen ihrer Umsätze bewertet. Eine Bewertung auf Basis der Gewinne war in Anbetracht der horrenden Verluste erst gar nicht möglich. Aber dennoch stiegen die Kurse dieser Aktien immer weiter, weil die Nachfrage das Angebot bei Weitem überstieg. Besonders deutlich wurde diese extreme Nachfrage – der Begriff Gier ist hier sicherlich treffender – bei den damaligen Börsengängen. Die Erstnotierungen lagen nicht selten um mehrere Hundert Prozent über dem Ausgabepreis. Und selbst auf dem hohen Niveau fanden sich noch immer genug Käufer, die einfach auf noch höhere Kurse spekulierten. Der beste Börsengang aller Zeiten war übrigens der von TheGlobe.com im Jahre 1998. Die Aktie beendete ihren ersten Handelstag bei 65 Dollar und damit gut 600 Prozent über dem Ausgabepreis von gerade einmal neun Dollar. TheGlobe.com war die erste Social-Media-Internetseite, im weitesten Sinne vergleichbar mit der heutigen Facebook – nur war man seiner Zeit um einige Jahre voraus. Und das falsche Timing kann teuer werden: Längst ist aus dem ehemaligen Highflyer ein fast wertloser Pennystock geworden.

Das andere Extrem, nämlich völlig unterbewerte Aktien, findet sich in Phasen von Angst und Panik, etwa in den Jahren 2001, als die Internetblase platzte, oder auf dem Höhepunkt der Finanzkrise 2008/2009. In diesen Zeiten sind Aktien mit Kurs-Gewinn-Verhältnissen von 3 oder weniger keine Seltenheit. Und es gab sogar Unternehmen, die an der Börse weniger wert waren, als sie Geld in der Kasse hatten. Man hätte also für beispielsweise 50 Millionen Dollar alle Aktien eines Unternehmens kaufen können, das 60

KAPITEL | INEFFIZIENZEN,
VIER | GIER, ANGST, BLASEN

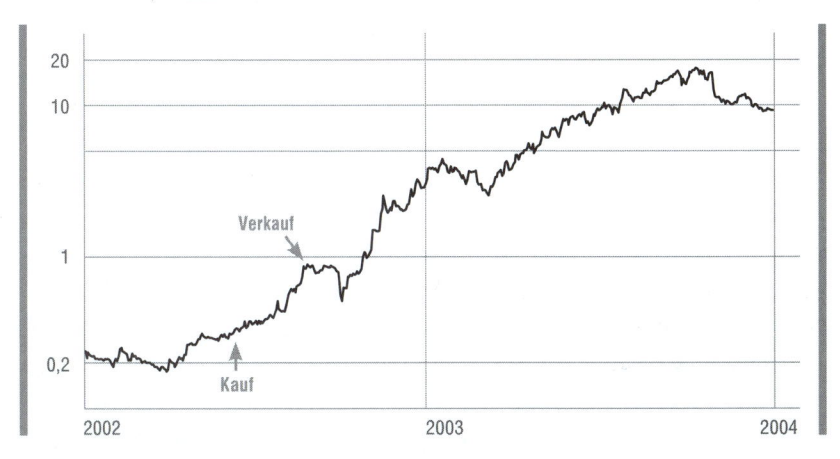

ABBILDUNG | **NETEASE** IN US-DOLLAR
4.1 | **2002 BIS ENDE 2003**

[Diagramm: Kursverlauf Netease 2002–2004, mit Markierungen "Kauf" (Anfang 2003, bei ca. 0,2–0,3 USD) und "Verkauf" (Mitte 2003, bei ca. 1 USD)]

Millionen Dollar liquide Mittel auf der Bank hatte. Auf genau eine solche Chance bin ich im Sommer des Jahres 2002 gestoßen. Der Börsenwert des chinesischen Internetportals Netease.com hatte sich auf nur noch gut 50 Millionen Dollar reduziert und damit unter die vorhandene Liquidität von damals 64 Millionen Dollar. Das heißt zunächst einmal nicht viel. Denn wenn Netease.com pro Quartal Verluste von 20 Millionen Dollar erwirtschaftet, kann man sich ausrechnen, wie lange das Geld noch ausreicht. Aber im Gegenteil, die Chinesen hatten gerade einen Quartalsgewinn von knapp drei Millionen Dollar ausgewiesen und ihren Umsatz im Vergleich zum Vorjahr um 600 Prozent (!) gesteigert.
Entweder hatte Netease.com seine Bilanzen frisiert (was Lug und Trug angeht, muss man insbesondere bei chinesischen Firmen durchaus aufpassen) oder ich hatte eine der besten Investitionschancen der letzten Jahre auf dem Silbertablett vor mir liegen. Ich entschloss mich für Letzteres. Eine gute Entscheidung, denn nur vier Wochen später hatte sich der Aktienkurs von 0,45 auf 0,90 Dollar verdoppelt. Die krasse Unterbewertung war damit meiner Ansicht nach abgebaut und ich beschloss, den Gewinn mitzunehmen. Zunächst war ich damit zufrieden, denn die Aktie korrigierte und verlor über 30

KAPITEL | INEFFIZIENZEN,
VIER | GIER, ANGST, BLASEN

ABBILDUNG | **NETEASE** IN US-DOLLAR
4.2 | **2002 BIS JUNI 2011**

+12.400%

Prozent an Wert. Auslöser waren erneute Unsicherheiten an den Märkten. Dann aber nahm die Aktie von Netease wieder Schwung auf und stieg bis zum Jahresende auf über zwei Dollar. Den Wiedereinstieg hatte ich leider verpasst. Aber es kam (für mich) noch schlimmer: Im Sommer 2003, also ein Jahr nach meinem ersten Kauf zu 0,40 Dollar, erreichte Netease.com Kurse von über zehn Dollar und im Frühjahr 2011 notierte der Wert bei 50 Dollar. Statt der schnellen 100 Prozent Gewinn hätte ich also mein Kapital innerhalb von acht Jahren verhundertfachen (!) können.

Diese Extrembeispiele machen deutlich, dass Aktien nicht immer, ehrlich gesagt sogar nur selten, nach ihrem „tatsächlichen Unternehmenswert" bewertet werden, sondern dass in die Bewertung emotionale Faktoren wie Gier oder Angst einfließen. Natürlich hätte TheGlobe.com ohne nennenswerte Umsätze niemals eine Bewertung von einer Milliarde Dollar erreichen dürfen. Gleiches gilt für die Bewertung unter Cash-Niveau bei Netease.com. Aber, auch das zeigen diese Beispiele, es gibt an der Börse immer wieder Situationen, von denen man nie geglaubt hätte, dass sie jemals eintreten können. Erinnern Sie sich noch daran, dass die VW-Aktie inmitten der Finanzkrise auf über 1.000 Euro stieg und den Automobilkonzern kurzzeitig zum teuersten Unternehmen der Welt machte? Ich habe viele Bekannte, die damals gegen den sagenhaften Kursanstieg von VW spekuliert haben, weil sie es einfach nicht glauben konnten. Ein ausgesprochen teurer Glaube. „Das kann nicht passieren" ist an der Börse eine der kostspieligsten Aussagen. Der gigantische Anstieg von VW war allein auf den damaligen Übernahmepoker durch Porsche zurückzuführen. Zeitweise hatte sich der Sportwagenbauer per Optionen so viele Anteile gesichert, dass nur noch sechs Prozent aller VW-Aktien frei handelbar waren. Gleichzeitig waren aber rund 15 Prozent aller VW-Aktien leerverkauft. Bei einem Leerverkauf werden eigentlich zunächst Aktien ausgeliehen, die dann verkauft werden in der Hoffnung, sie später günstiger wieder zurückkaufen zu können. Bei VW waren viele dieser Leerverkäufe allerdings ungedeckt, das heißt, Anleger verkauften Aktien, die sie weder besaßen noch verliehen hatten. Am Ende waren mehr VW-Aktien verkauft, als es überhaupt gab. Eine hohe Nachfrage nach VW-Aktien traf also auf ein nicht vorhandenes Angebot. Die Preise erreichten vollkommen irrationale Höhen. Aus fundamentaler Sicht war VW durch die Spekulation natürlich keinen Cent wertvoller geworden. Und so war dann der Höhenflug auch so schnell wieder vorbei, wie er begonnen hatte.

ABBILDUNG 4.3 | **VW STÄMME** IN EURO
2008 BIS JUNI 2011

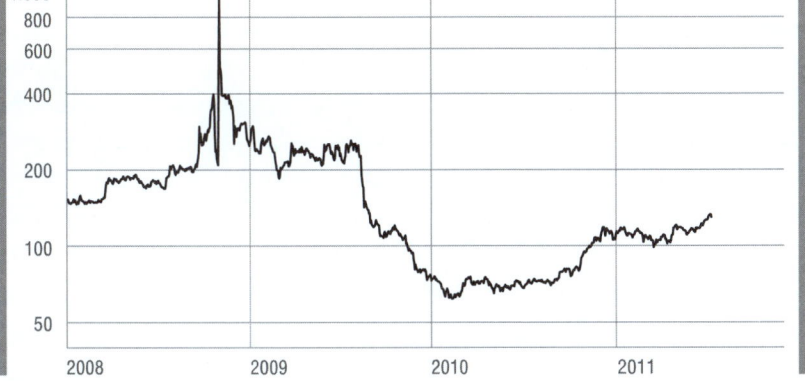

Ganz anders stellt sich die Situation bei Netease.com dar. Aus dem damaligen kleinen Anbieter von Klingeltönen für Handys ist mittlerweile einer der führenden Anbieter von Online-Spielen in China geworden. Der Umsatz hat sich von 2002 bis 2010 von 26 Millionen Dollar auf 858 Millionen Dollar mehr als verdreißigfacht. Längst ist aus der kleinen „Internetbude" von damals ein Milliardenkonzern mit einem Börsenwert von über sechs Milliarden Dollar geworden.

Bei Netease.com war die viel zu niedrige Bewertung nach dem Platzen der Internetblase der Auslöser für den Kauf, aber letztlich war vor allem das starke Wachstum die Triebfeder für den phänomenalen – und nachhaltigen – Kursanstieg von über 10.000 Prozent.

KAPITEL FÜNF | AKTIENANALYSE: GUT UND GÜNSTIG SOLL ES SEIN

KAPITEL FÜNF | AKTIENANALYSE: GUT UND GÜNSTIG SOLL ES SEIN

Wachstum ist die Basis für steigende Aktienkurse. Wenn es einem Unternehmen gelingt, seine Umsätze und Gewinne zu verdoppeln, dann spricht auch nichts gegen einen Kursanstieg von 100 Prozent. Das Wachstum als Entscheidungsgrundlage für den Kauf einer Aktie heranzuziehen, ist jedoch natürlich nicht ausreichend. So schön es auch sein mag, wenn es einem Unternehmen gelingt, seinen Jahresgewinn von zwei auf vier Millionen Euro zu verdoppeln: Wenn es zu diesem Zeitpunkt an der Börse bereits mit 500 Millionen Euro bewertet wird, dann relativiert sich diese Dynamik schnell wieder. Aber es kann sogar sinnvoll sein, in Firmen zu investieren, die noch gar kein Geld verdienen. Insbesondere in neuen, dynamisch wachsenden Märkten ist es wichtig, zunächst so schnell wie möglich Marktanteile zu erobern und erst später den Blick auf die Profitabilität zu richten. Und Wachstum kostet Geld. Allerdings sollte das Unternehmen dieses „Später" auch noch erleben. Dutzende Neuer-Markt- und Internetfirmen waren Ende der 90er-Jahre weit von Gewinnen entfernt, als ihnen das Geld ausging.
Wachstum allein ist also kein hinreichendes Bewertungskriterium für Aktien, wenngleich eines der wichtigsten. So einfach es aber auch ist, das Wachstum der Vergangenheit zu berechnen, so schwierig kann es sein, das zukünftige Wachstum eines Unternehmens vorherzusagen. Es klingt trivial, aber das größte Problem von Investoren und Analysten ist, dass sie die Zukunft nicht vorhersagen können – obwohl sie oft vorgeben, es zu können. Viele Aktienanalysten machen es sich hier sehr einfach. Sie schreiben das Wachstum der Vergangenheit in die Zukunft fort oder orientieren sich an den Prognosen ihren Kollegen. Niemand möchte sich bei Umsatz- oder Gewinnprognosen zu weit aus dem Fenster lehnen. Warum sollte das ein Analyst auch tun? Wenn er etwas wagt und damit falschliegt, riskiert er vielleicht seinen Job, also lieber brav mit der Masse schwimmen, am Jahresende den Bonus kassieren und dann zurück an den PC, um das nächste Standard-Analysemodell durchlaufen zu lassen. Aber bevor ich mich jetzt zu sehr in der Analystenschelte verliere, zurück zum Kernproblem.
Welche Faktoren sind wichtig für die Bewertung einer Aktie? Wie kann man das Kurspotenzial oder den fairen Wert einer Aktie zumindest annähernd ermitteln? Es gibt bekanntlich verschiedene Bewertungskennzahlen

für die Analyse von Aktien. Alle unterliegen der gleichen Problematik: Daten aus der Vergangenheit nutzen wenig, da sie allen bekannt sind und sich nicht immer in der Zukunft fortschreiben lassen. Zukünftige Daten müssen geschätzt werden und sind daher unsicher. Aber genau in dieser Unsicherheit liegt auch eine große Chance: Oftmals werden die Perspektiven von Unternehmen von der Mehrheit der Marktteilnehmer und Analysten unterschätzt. Und nichts wirkt kurstreibender, als wenn Unternehmen die Erwartungen der Masse übertreffen. Das ist immer gut zu beobachten, wenn Unternehmen ihre Bilanzen veröffentlichen. Wenn ein Unternehmen die Erwartungen der Analysten übertrifft, sind häufig drastische Kursaufschläge zu beobachten.

KGV UND MISSWAHLEN

Die wohl wichtigste Bewertungskennzahl für ein Unternehmen ist das Kurs-Gewinn-Verhältnis, kurz KGV. Es setzt den erzielten Jahresgewinn eines Unternehmens in Relation zum Aktienkurs. Einfaches Beispiel: Firma A erwirtschaftet einen Gewinn von einer Million Euro. Wenn es insgesamt zwei Millionen ausstehende Aktien gibt, sind das also 0,50 Euro pro Aktie. Wenn der Aktienkurs zu diesem Zeitpunkt bei 5,00 Euro notiert, berechnet sich das KGV wie folgt: 5,00 geteilt durch 0,50 ergibt ein KGV von 10. Anders ausgedrückt sagt das KGV von 10 aus, dass das Unternehmen bei gleichbleibenden Gewinnen in zehn Jahren so viel erwirtschaftet, wie es aktuell wert ist. Je niedriger das KGV ist, desto besser also. Ist aber ein KGV von 10 jetzt wirklich günstig? Und wurde das KGV mit den zurückliegenden Gewinnen errechnet oder soll es mit zukünftigen Gewinnprognosen unterfüttert werden?

Ein KGV auf Basis zurückliegender Daten ist zur groben Orientierung sicherlich nicht uninteressant, doch spannender und wichtiger sind zweifellos die zukünftigen Gewinne. Diese beruhen aber wie angesprochen auf Gewinnschätzungen von Analysten und sind daher nur unter Vorbehalt zu verwenden. Doch auch hier gilt: Immerhin erhält man als Anleger eine Indikation, wie „der Markt" oder „die Mehrheit" die Aktie einschätzt. Die Meinung der

KAPITEL FÜNF | AKTIENANALYSE: GUT UND GÜNSTIG SOLL ES SEIN

anderen ist an der Börse ohnehin nicht zu unterschätzen. Denn was nützt es, wenn Sie oder ich meinen, wir hätten die günstigste Aktie der Welt entdeckt, deren Kurs sich mindestens verdreifachen müsste, wir aber die einzigen mit dieser Meinung sind? Die Antwort lautet: Nichts! Günstige Aktien können sehr lange günstig bleiben. Erst wenn auch andere Anleger die Unterbewertung der Aktie entdecken und mit Käufen die Nachfrage anheizen, wird der Kurs in Bewegung kommen. Im Prinzip muss man sich an der Börse so verhalten wie bei einer Misswahl mit leicht modifizierten Regeln. Bei dieser Wahl muss man nicht die Dame auswählen, die einem selbst am besten gefällt, sondern diejenige, von der man meint, dass sie bei den anderen am besten ankommt. Auch bei Aktien geht es darum, die Vorlieben der breiten Masse herauszufinden. Wem dies an der Börse möglichst frühzeitig gelingt, dem sind satte Kursgewinne gewiss.

Jetzt aber wieder zurück von den schönen Frauen zum schnöden KGV. Ob ein KGV von 10 nun günstig ist, lässt sich nicht ohne Weiteres sagen, aber zumindest gibt es innerhalb einer Branche zumindest eine grobe Orientierung. Ein branchenübergreifender Vergleich von KGVs ist kaum möglich, was vor allem in den sehr unterschiedlichen Wachstumsperspektiven verschiedener Branchen begründet ist. So mag bei relativ langsam wachsenden Automobilherstellern ein KGV von 10 schon recht hoch sein, während im schnell wachsenden Technologiemarkt ein 10er-KGV eine echte Schnäppchenbewertung darstellen kann. Es ist also richtig und wichtig, das KGV in Relation zum Wachstum eines Unternehmens zu bringen.

ZAUBERFORMEL PEG

Natürlich bin ich nicht der Erste, der auf diese Idee gekommen ist, sondern auch hierfür gibt es bereits eine Kennzahl, das sogenannte PEG. Diese drei Buchstaben stehen für Price-Earnings-to-Growth-Ratio. Das PEG setzt das KGV eines Unternehmens in Relation zum zukünftigen Gewinnwachstum. Dabei gilt folgende Faustformel: Das prozentuale Gewinnwachstum sollte möglichst größer sein als das KGV. Ein KGV von 10 bei einem Gewinnwachstum von lediglich fünf Prozent ist also recht hoch, das PEG liegt dann bei 2.

Wächst der Gewinn aber mit 20 Prozent, dann ergibt sich ein PEG von 0,5 (10 geteilt durch 20). Je niedriger das PEG, desto besser.
Bleibt die Frage, welche KGVs und welche Wachstumsraten man für die Berechnung heranzieht. Das KGV des zurückliegenden Jahres, das geschätzte des laufenden Jahres oder das des kommenden? Und das Wachstum welcher Jahre? Hier gibt es sehr unterschiedliche Ansätze. Ich finde es am sinnvollsten, das Wachstum vom laufenden zum nächsten Jahr heranzuziehen und dieses dann in Relation zum KGV des kommenden Geschäftsjahres zu setzen. Dieser Ansatz spiegelt am stärksten das zukünftige Potenzial wider, basiert aber – leider – ausschließlich auf Schätzungen und Prognosen, die nicht nur sehr vage sind, sondern sich auch schnell ändern können. Allen Unwägbarkeiten zum Trotz sind KGV, Wachstum und insbesondere die Kombination aus beidem, also das PEG, für mich die besten Indikatoren, um einschätzen zu können, ob eine Aktie schon zu teuer, angemessen bewertet oder noch ein echtes Schnäppchen ist.

KUV – DIE NOTLÖSUNG

Aber was tun, wenn ein Unternehmen noch Verluste schreibt und es somit noch gar keine Gewinnschätzungen gibt, also folglich auch kein KGV und kein PEG? Dann können ersatzweise zumindest die Umsätze herangezogen werden. Auch diese lassen sich in Relation zum Börsenwert, also zur Marktkapitalisierung, setzen. Man spricht dann vom KUV, also dem Kurs-Umsatz-Verhältnis. Ähnlich wie beim KGV ist beim KUV allerdings auch nur ein Vergleich innerhalb einer Branche sinnvoll. Grundsätzlich gelten Firmen mit einem KUV von unter 1 als günstig, wenn also der Jahresumsatz den Börsenwert übersteigt. Aber auch das KUV muss in Relation zum Gewinnwachstum gesetzt werden. So liegt das KUV des Einzelhandelsriesen Wal-Mart mit 0,4 zwar deutlich unter 1, aber das Umsatzwachstum liegt nur noch bei knapp fünf Prozent. Der Cloud-Computing-Spezialist Salesforce.com hingegen wird mit dem Siebenfachen seiner Jahresumsätze bewertet (KUV 7), aber bei Salesforce wachsen die Umsätze mit über 30 Prozent. Im Frühjahr 2011 haben einige neue Börsengänge in Anbetracht ihrer vermeintlich hohen Bewertungen für viel Aufsehen gesorgt. So wurde etwa das Online-Karrierenetzwerk LinkedIn kurz nach dem Börsengang mit rund neun Milliarden Dollar bewertet. Die Umsätze von LinkedIn lagen im Geschäftsjahr 2010 aber gerade einmal bei 243 Millionen Dollar. Daraus ergibt sich ein fast schon astronomisch hohes KUV von 37. Auch bei der erwarteten Umsatzverdopplung reduziert sich das KUV lediglich auf immer noch recht hohe 18. Viele Analysten bezweifeln, das LinkedIn in der Lage ist, in die hohe Bewertung hineinzuwachsen. Um auf ein KUV von 1 zu kommen, müsste LinkedIn seine Umsätze fünf Jahre in Folge verdoppeln – ein schwieriges, wahrscheinlich sogar unmögliches Unterfangen. Letztendlich ist das KUV meiner Meinung nach nur bedingt einsetzbar und sollte lediglich zur groben Orientierung herangezogen werden.

NUR BARES IST WAHRES

Schwierig wird die Bewertung von Unternehmen mit sehr niedrigen Umsätzen, die sich noch nicht in der Gewinnzone befinden. Und darunter fallen in der Regel sehr viele dynamisch wachsende Firmen aus neuen Boom-Märkten. Hier sollte das Wachstum wirklich außerordentlich hoch sein, denn nur dann sind „annehmbare Umsätze" und der Sprung in die schwarzen Zahlen in absehbarer Zeit zumindest möglich. Darüber hinaus muss das starke Wachstum natürlich zu finanzieren sein, das heißt, es sollte sich genug Geld in der Kasse befinden. Hier ist ein kurzer Blick in die Bilanz hilfreich. Verfügt die Firma über ausreichend Liquidität, um den Weg in die Gewinnzone ohne neue Kapitalmaßnahmen zu schaffen? Doch auch bereits profitable Firmen sollten über ein Cash-Polster verfügen, um eventuelle Durststrecken problemlos überstehen zu können, um weiteres Wachstum zu finanzieren oder neue Investitionen durchzuführen. Ein Blick auf die Verbindlichkeiten eines Unternehmens ist ebenfalls wichtig. Grundsätzlich sollten Firmen mit einer zu hohen Schuldenlast gemieden werden. Ein hoher Bestand an offenen Forderungen sollte auch als Warnsignal betrachtet werden. Es gibt natürlich noch diverse weitere Analysemethoden und Bewertungskriterien, aber wer zumindest die hier aufgeführten anwendet, verschafft sich in einem überschaubaren Zeitrahmen einen guten Überblick über die Qualität eines Unternehmens und dessen finanziellen Hintergrund.

DIE PERFEKTE KAUFGELEGENHEIT

Da es in diesem Buch um 100-Prozent-Aktien geht, bleibt natürlich die Frage, welche Kennzahlen ein potenzieller Verdopplungskandidat haben sollte. Ideal wäre natürlich ein möglichst niedriges KGV bei gleichzeitig hohen Wachstumsraten, also ein niedriges PEG, dazu natürlich noch eine solide Bilanz mit einer ordentlichen Ausstattung an Liquidität. Gesucht wird also die eierlegende Wollmilchsau mit eingebauter 100-Prozent-Garantie. Sie meinen, so etwas gibt es nicht? Falsch, gibt es doch. Allerdings werden solche Gelegenheiten nicht auf dem Silbertablett präsentiert, sondern man muss schon ein wenig nach ihnen suchen.

Als ich im Juli 2010 in meinem Börsenbrief „maydornreport" ein Musterdepot startete, wollte ich die eine oder andere Position aus dem Bereich Erneuerbare Energien dabeihaben, weil es meiner Meinung nach in den nächsten Jahren kaum eine Branche mit höheren Wachstumsraten geben wird. Schon vor der Atomkatastrophe in Japan war für mich klar, dass es bei der Energiegewinnung zu einem radikalen Umbruch kommen wird, ja kommen muss. Allerdings wurden in den letzten Jahren die guten Perspektiven der grünen Energien immer wieder getrübt durch Diskussionen um Förderungskürzungen, einbrechende Margen und eine extrem schwankende Auftragslage. Das hat dazu geführt, dass insbesondere viele deutsche Solarunternehmen in ihrer Existenz bedroht sind und die Aktienkurse massiv an Wert verloren haben.

Auch im Sommer 2010 war die Stimmung im Bereich der erneuerbaren Energien getrübt. Insbesondere im Solarsektor hatte die außerplanmäßige Kürzung der deutschen Fördersätze für reichlich Unmut gesorgt. Alle Solar-Aktien hatten deutlich an Wert verloren und die Prognosen waren düster. Aufgrund der schlechten Stimmung musste der Börsengang von JinkoSolar, einem chinesischen Solarmodul-Produzenten, fast zum zweiten Mal verschoben werden. Bereits im Februar 2010 hatten die Chinesen den Sprung aufs

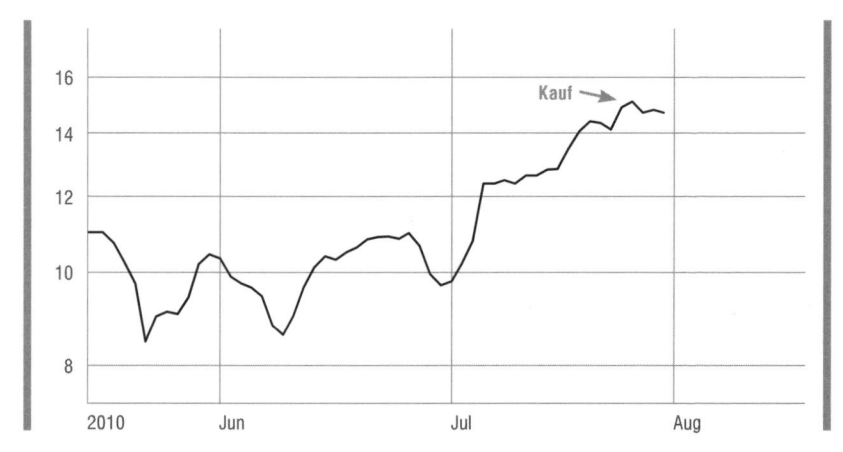

KAPITEL | AKTIENANALYSE:
FÜNF | GUT UND GÜNSTIG
SOLL ES SEIN

ABBILDUNG | JINKOSOLAR IN US-DOLLAR
5.0 | 13. MAI 2010 BIS 01. AUGUST 2010

Parkett aufgrund der miserablen Stimmungslage kurzfristig abgesagt. Nur durch einen deutlich reduzierten Emissionspreises gelang im Mai der Börsengang doch noch. Die Aktie rutschte aber zunächst deutlich unter ihren Ausgabepreis von elf Dollar.

Bis auf unter neun Dollar fiel der Kurs von JinkoSolar in den Tagen nach dem Börsengang, ehe einige Investoren bereit waren zuzugreifen. Das wurde auch Zeit, denn der Solarkonzern war auf diesem Niveau geradezu aberwitzig niedrig bewertet. Auf Basis der Gewinnschätzungen für 2011 lag das KGV bei 6, und das bei einem erwarteten Gewinnwachstum von über 80 Prozent. Daraus errechnet sich ein PEG von nur 0,075 (6 geteilt durch 80). Das KUV lag bei unter 1. Die Kassen des Unternehmens waren dank des gerade durchgeführten Börsengangs gut gefüllt. Über 60 Millionen Dollar brachten die neu ausgegebenen Aktien ein.

Wenige Wochen nach dem verhagelten Börsenauftakt hatte die Aktie zumindest ihr Emissionsniveau wieder erreicht und Ende Juli notierte sie mit rund 15 Dollar sogar deutlich darüber. Es hatten sich im Vergleich zum Zeitpunkt der Emission zwei entscheidende Dinge geändert: Der Kurs hatte seine Talfahrt gestoppt und war deutlich über den Emissionspreis gestiegen.

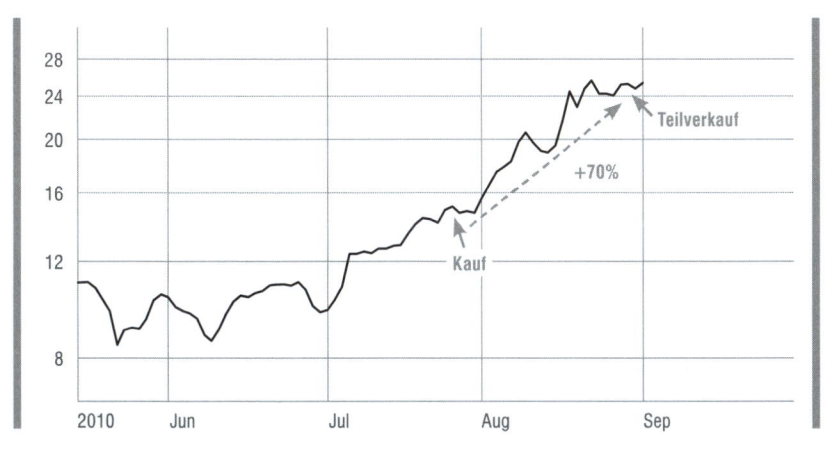

ABBILDUNG 5.1 | JINKOSOLAR IN US-DOLLAR
13. MAI 2010 BIS 01. SEPTEMBER 2010

Darüber hinaus hatte sich die trübe Stimmung in der Solarbranche ein wenig aufgehellt. Kurzum, der Startschuss für einen rasanten Kursanstieg war gefallen. Eine geradezu historische Kaufgelegenheit: Wann bekommt man schon einmal ein Unternehmen mit 80 Prozent Wachstum und einem KGV von 6 (Abb. 5.0)?

Dass der Kauf kein Fehler war, stellte sich recht schnell heraus. Nur vier Wochen nach der Aufnahme in das „maydornreport"-Musterdepot notierte die Aktie fast 70 Prozent höher. Mit einem derart steilen Anstieg hätte ich trotz der guten Perspektiven nicht gerechnet. Kurzum entschloss ich mich, die Hälfte der Position zum Verkauf zu stellen. Der aufmerksame Leser wird jetzt natürlich fragen: Warum? Denn es gab weder schlechte Nachrichten noch einen sonstigen Grund für einen Teilverkauf und die 100 Prozent Kursgewinn, die einen Verkauf der halben Position „rechtfertigen" würden, waren auch noch nicht erreicht. Alles völlig richtig, aber in diesem Fall habe ich aufgrund des rasanten Anstiegs eine Ausnahme gemacht und eben schon bei knapp 70 Prozent die Hälfte der Gewinne realisiert (Abb. 5.1).

Aber schon weitere vier Wochen später hatte ich ein neues „Problem". Die Aktie von JinkoSolar hatte die Marke von 30 Dollar überschritten und sich

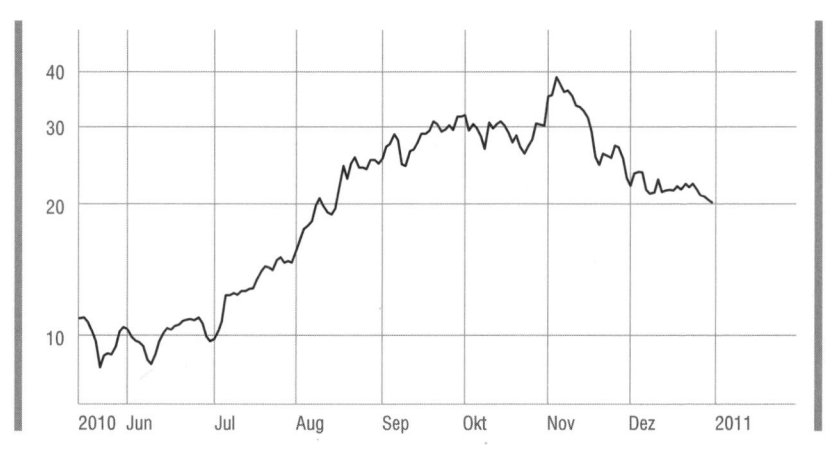

KAPITEL | AKTIENANALYSE:
FÜNF | GUT UND GÜNSTIG
SOLL ES SEIN

ABBILDUNG | **JINKOSOLAR** IN US-DOLLAR
5.2 | **13. MAI 2010 BIS 31. DEZEMBER 2010**

damit seit dem Kauf glattweg verdoppelt. Und jetzt? Schließlich hatte ich die halbe Position ja bereits glattgestellt. Eigentlich hätte ich nun entweder nicht oder maximal die Hälfte der bestehenden Position verkaufen dürfen. Aber da ich gleichzeitig eine neue spannende und unterbewertete Aktie entdeckt hatte, entschloss ich mich, die gesamte Restposition von JinkoSolar zu verkaufen, um die nötige Liquidität für den neuen Kauf zu bekommen. Heißt es nicht im Volksmund, dass man eigene Regeln aufstellt, um sie anschließend zu brechen? Und um sich dann zu ärgern ...
Nur weitere acht Wochen nach dem Verkauf stieg die Aktie von JinkoSolar auf über 35 Dollar. So kann es gehen, wenn man sich nicht an die eigenen Regeln hält.
Richtig wäre gewesen, bei Erreichen der Marke von 40 Dollar einen mentalen Stoppkurs etwa 30 Prozent tiefer, also bei 28 Dollar, zu platzieren. Zwar fiel JinkoSolar schon wenige Wochen später unter diese Marke, insofern wurde mit dem vorzeitigen Verkauf sogar eine etwas bessere Performance erzielt. Aber wie groß wäre der Ärger gewesen, wenn die Aktie noch auf 50 oder 60 Dollar gestiegen wäre? Und entgangene Gewinne sind genauso schlimm wie realisierte Verluste.

DIE WELT DER „ZACKEN"

Vor einigen Jahren sprach mich auf einer Anlegermesse ein Leser an und fragte, wie ich denn die Situation einer Aktie hinsichtlich ihrer Zacken einschätzen würde. Nach mehrmaligem Nachfragen, was er denn damit meine, nahm er schließlich einen *Aktionär* in die Hand und zeigte auf den Kursverlauf der Aktie, um die es ging. Und tatsächlich sah dieser Chart in Anbetracht der starken Ausschläge recht „zackig" aus. Viele Anleger schwören bei der Einschätzung von Aktien auf die Analyse dieser Zacken.

Während man unter der fundamentalen Analyse von Aktien die Einschätzung eines Unternehmens anhand von Kennziffern wie Umsatz, Gewinn, KGV oder PEG versteht, wird die Analyse des Kursverlaufs als Technische Analyse bezeichnet. Sie werden in diesem Buch vielleicht schon zwischen den Zeilen herausgelesen haben, dass ich kein großer Freund dieser Analyseform bin, obwohl ich sie auch nicht komplett ablehne. Die Technische Analyse von Aktien hat jedoch einen entscheidenden Nachteil: Sie basiert ausschließlich auf Informationen der Vergangenheit. Sie kann nur dann funktionieren, wenn eine größere Menge von Aktionären daran glaubt und zu denselben Schlussfolgerungen gelangt. Dahinter steckt das Prinzip der selbsterfüllenden Prophezeiung.

Ein gutes Beispiel sind charttechnische Ausbrüche. Wenn also eine Aktie mehrfach eine bestimmte Marke nicht überschreiten konnte und dann letztlich doch der Ausbruch darüber gelingt, gilt das als starkes Kaufsignal. Dies zieht nicht selten Anschlusskäufe nach sich, insbesondere dann, wenn es sich um wichtige Marken handelt. Exemplarisch für einen solchen Ausbruch ist der Kursverlauf von JinkoSolar. Nach mehreren gescheiterten Versuchen gelang der Aktie einige Wochen nach dem Börsengang der Anstieg über die Marke von elf Dollar, die gleichzeitig dem Emissionspreis entsprach. Dieser Ausbruch stellte den Auftakt für eine längerfristige Aufwärtsbewegung dar.

Der charttechnische Ausbruch erfolgte im Falle von JinkoSolar auch noch bei überdurchschnittlich hohen Umsätzen, was die Bedeutung des Ausbruchs unterstreicht. Keine Angst, ich werde an dieser Stelle nicht mit dem

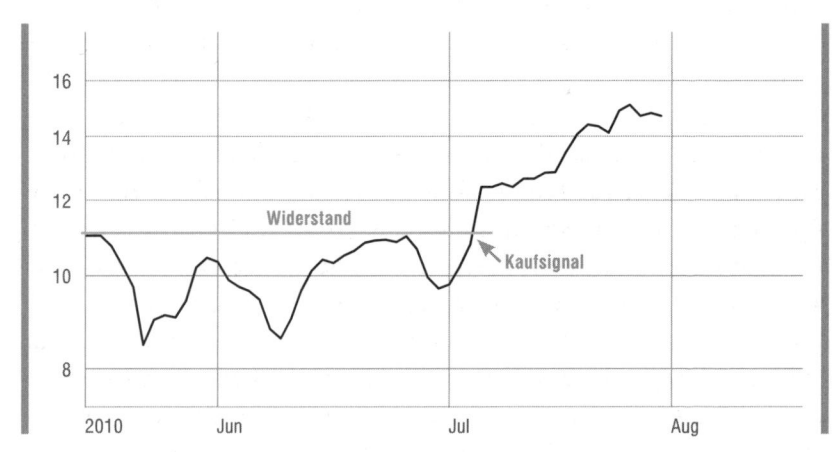

KAPITEL FÜNF | AKTIENANALYSE: GUT UND GÜNSTIG SOLL ES SEIN

ABBILDUNG 5.3 | **JINKOSOLAR** IN US-DOLLAR
13. MAI 2010 BIS 31. JULI 2010

1x1 der Charttechnik fortfahren, das können andere deutlich besser, etwa mein Kollege Markus Horntrich, der unter dem Titel „Crashkurs Charttechnik" ein gutes und leicht verständliches Buch zum Thema geschrieben hat, das auch ich hin und wieder gerne zur Hand nehme.

Für mich ist die Charttechnik nur als zusätzliches Hilfsmittel sinnvoll, etwa um Ein- oder Ausstiegspunkte festzulegen, also zu welchem konkreten Zeitpunkt ich eine Aktie kaufe oder verkaufe. Maßgeblich für die Auswahl der Aktie sind fundamentale Gesichtspunkte und vor allem die Perspektiven des Unternehmens. So hatte ich die Aktie von JinkoSolar etwa schon seit dem Börsengang auf dem Radar, wollte aber in Anbetracht des schwachen Börsenstarts nicht in ein fallendes Messer greifen. Insofern habe ich zunächst eine Stabilisierung des Kurses und den anschließenden Ausbruch über den Widerstand bei elf Dollar abgewartet (Abb. 5.3).

BÄRENFALLEN UND LOTTOZAHLEN

Widerstände, Unterstützungen und gegebenenfalls Trendlinien – ich beschränke mich wirklich auf die rudimentären Prinzipien der Charttechnik.

Diese einfachen Formationen sind für alle Marktteilnehmer klar erkennbar und deswegen funktionieren sie auch – zumindest manchmal. Denn es passiert häufig, dass es zwar zunächst zu einem Ausbruch kommt, die Aktie aber schon kurze Zeit später komplett in die andere Richtung abdreht. Die Charttechniker haben sich hierfür die schönen Begriffe Bären- oder Bullenfalle ausgedacht – je nachdem, in welche Richtung das Fehlsignal auftritt.

Mein Eindruck ist, dass Fehlsignale in den vergangenen Jahren immer häufiger aufgetaucht sind – was allerdings eine rein subjektive Einschätzung ist. Die Folgerung daraus ist aber nicht, dass früher alles ganz einfach war. Ich kann mich noch sehr gut daran erinnern, dass ich am Beginn meiner aktiven Zeit als Börsianer der Meinung war, dass man mit einer cleveren Zusammenstellung charttechnischer Indikatoren ein Handelssystem entwickeln könne, dass in der Lage wäre, über einen längeren Zeitraum vollautomatische Kauf- und Verkaufssignale zu liefern, die natürlich unter dem Strich profitabel sind – also auf Deutsch gesagt eine Gelddruckmaschine.

Die Schwierigkeit bei einem solchen System ist allerdings, dass es zwar feststellen kann, welcher Indikatoren-Mix in den letzten Monaten für welche Aktie der optimalste gewesen wäre, aber nicht für die Zukunft. Das ist in etwa so, als wenn ich ein Programm hätte, dass mir zwar die Lottozahlen der letzten 3.578 Ausspielungen anzeigt, aber eben leider nicht die sechs Ziffern der kommenden Ziehung vorhersagt.

Es wäre ja auch zu einfach, wenn ein System Aktienkurse prognostizieren könnte. Dann hätten Sie sich auch dieses Buch nicht kaufen und ich es erst gar nicht schreiben müssen. Also, für mich ist einfache Charttechnik ein durchaus interessantes Hilfsmittel, mehr aber auch nicht.

KAPITEL SECHS | VERLUSTE – UNVERMEIDBAR, ABER HALB SO SCHLIMM

KAPITEL SECHS | VERLUSTE – UNVERMEIDBAR, ABER HALB SO SCHLIMM

Vielleicht haben Sie kurz darüber nachgedacht, dieses Kapitel einfach zu überspringen. Denn wer beschäftigt sich schon gerne mit Verlusten? Und eigentlich sollte es in diesem Buch doch um 100-Prozent-Aktien gehen und nicht um Verlierer-Papiere. Vollkommen richtig, aber dennoch ist dieser „Ausflug" in die Welt der Verluste nicht nur wichtig, er ist sogar überlebenswichtig. Ich gehe sogar so weit zu sagen, dass es ohne den richtigen Umgang mit Verlusten nicht möglich ist, langfristig mit Aktien Geld zu verdienen. Auch wenn wir es nur ungern zugeben, sind natürlich längst nicht alle unsere Anlageentscheidungen von Erfolg gekrönt. Wer kennt das nicht: Statt zu einer rasanten Aufwärtsbewegung durchzustarten, legt ein Papier den Rückwärtsgang ein und notiert auf einmal 30 Prozent unter dem Kaufkurs. Und jetzt? Augen zu und durch? Die günstigen Kurse zum Nachkauf nutzen? Oder sich einfach einen Fehler eingestehen und die Position mit Verlust verkaufen? Hand aufs Herz, auch wenn Sie vielleicht ahnen, dass die dritte Möglichkeit die cleverste ist, so haben Sie in der Realität sicherlich die ersten beiden Varianten bevorzugt. Kein Wunder, nichts ist schwieriger an der Börse, als Aktien mit Verlust zu verkaufen. Aber es ist auch nichts wichtiger, um langfristig an der Börse erfolgreich zu sein.

Bei Gesprächen und Telefonaten mit Lesern höre ich immer wieder einen Satz: „Ich kann die Aktie jetzt nicht verkaufen, ich muss erst warten, bis ich meinen Einstand wieder erreicht habe." Ich antworte dann gerne mit: „Ich hoffe, Ihre Aktie weiß, wie weit sie noch steigen muss." An dieser Stelle ein grundsätzlicher Tipp: Vergessen Sie Ihre Kaufkurse. Ihren Aktien ist es nämlich ziemlich egal, zu welchem Kurs Sie sie gekauft haben. Ihr persönlicher Kaufkurs ist der schlechteste Indikator, wenn es um die Einschätzung einer Aktie geht. Wichtig ist vielmehr, ob die fragliche Position noch über die gleichen Perspektiven verfügt wie zum Zeitpunkt des Kaufs. Und um das zu überprüfen, sollten Sie sich einfach die folgende Frage stellen: Würde ich die Aktie – unabhängig von meinem Kaufkurs – heute noch einmal kaufen? Wenn Sie diese Frage mit „Nein" beantworten, dann sollte die Konsequenz klar sein. Es hilft übrigens sehr, wenn man mit dieser einfachen Frage regelmäßig alle seine Depotpositionen auf ihre „Daseinsberechtigung" überprüft.

KAPITEL | VERLUSTE – UNVERMEIDBAR,
SECHS | ABER HALB SO SCHLIMM

DIE PSYCHOLOGISCHE BARRIERE

Natürlich möchte jeder gerne entstandene Verluste wieder aufholen, aber das muss ja nicht unbedingt mit der gleichen Aktie sein, zumal diese sich aus irgendeinem Grund nicht wie gewünscht entwickelt hat. Warum also nicht die Verliereraktie verkaufen und in einen anderen Wert mit mehr Potenzial investieren? Anleger, die zu lange an ihren Verlustpositionen festhalten, verlieren im Prinzip gleich doppelt: Zum einen an den Kursabschlägen der bestehenden Position, zum anderen entgehen ihnen mögliche Gewinne einer alternativen Anlage.

Statt aber ihre Verlustbringer zu eliminieren, verkaufen viele Anleger lieber ihre gut laufenden Positionen. Ein Beispiel: Nehmen wir an, Sie kaufen zu Jahresbeginn gleichzeitig zwei Aktien einer Branche. Nach zwei Monaten notiert die Aktie A 20 Prozent höher und Aktie B hat im gleichen Zeitraum

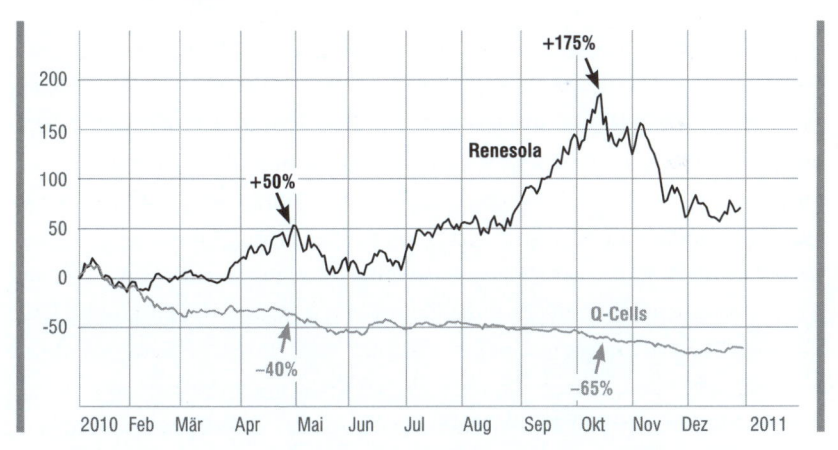

ABBILDUNG | VERGLEICH RENESOLA / Q-CELLS IN PROZENT
6.0 | 2010

Wer zu Jahresbeginn 2010 in die beiden Solar-Aktien Renesola und Q-Cells investiert hat, lag Ende April mit Renesola 50 Prozent im Plus und mit Q-Cells 40 Prozent im Minus. Statt zu diesem Zeitpunkt den Gewinner zu liquidieren, um die Verlustaktie nachzukaufen, wäre das genaue Gegenteil richtig gewesen: Raus mit Q-Cells und Renesola nachkaufen.

KAPITEL SECHS | VERLUSTE – UNVERMEIDBAR, ABER HALB SO SCHLIMM

20 Prozent verloren. Eigentlich sollte man sich nun fragen, was mit Aktie B nicht stimmt, und ernsthaft über einen Verkauf nachdenken. Aber Pustekuchen: Viele Anleger sind geneigt, den schönen Gewinn bei A zu realisieren (schließlich ist an Gewinnmitnahmen ja noch niemand gestorben) und das frei gewordene Geld zu nutzen, um Aktie B zu den aktuellen Schnäppchenkursen nachzukaufen. Das Nachkaufen gefallener Aktien ist eine der größten – und teuersten – Unsitten, die es beim Aktienhandel gibt. Psychologisch ist es natürlich toll, man kann seinen Einstandskurs verbilligen. Mit der gleichen Geldsumme kann man nun noch mehr Aktien kaufen. Vergessen Sie es, denn was psychologisch so angenehm erscheint, führt meistens zu noch größeren Verlusten. Es gibt den schönen Börsenspruch, dass man schlechtem Geld kein gutes hinterherwerfen soll.

Haben Sie bei steigenden Kursen schon einmal ans Nachkaufen gedacht? Eigentlich macht es doch deutlich mehr Sinn, seine Position in den Papieren auszubauen, die sich gut entwickeln, oder?

Wer den „Gewinne-schnell-mitnehmen-Verlustpositionen-ausbauen-Ansatz" konsequent verfolgt, wird feststellen, dass sein Depot recht bald nur noch aus Verlustpositionen von schlecht laufenden Aktien besteht und einer Sondermülldeponie gleicht. Um Begründungen sind diese Anleger nicht verlegen. Auf die Frage, warum sie einer Verkaufsempfehlung nicht gefolgt sind, höre ich oft: „Ich war gerade im Urlaub" oder „ich wollte noch eine technische Erholung abwarten" oder „Mein Limit ist um zehn Cent nicht erreicht worden". Wenn es aber ums Kaufen geht, kann es oft nicht schnell genug gehen und es wird auch gerne mal ein ganzer Euro mehr bezahlt. Sehr beliebt ist auch die Aussage: „Ich kann nicht verkaufen, die Aktie ist zu stark im Minus."

STOPP DEM VERLUST

Aber was heißt eigentlich „zu stark", mit anderen Worten, wie viel Verlust ist hinnehmbar? Wann sollte man sich von einer Position trennen? Wie viel „Luft zum Atmen" sollte man einem Kurs geben? Das hängt natürlich von der Schwankungsfreudigkeit des Papiers ab, auch als Volatilität bezeichnet. Bei eher ruhigen Papieren sollte der Verlust 20 Prozent nicht übersteigen,

ABBILDUNG 6.1 | VERLUSTE BEGRENZEN IST ÜBERLEBENSWICHTIG

VERLUST	ERFORDERLICHER GEWINN
20 %	25 %
40 %	67 %
60 %	150 %
80 %	400 %

bei sehr volatilen Aktien mit spekulativem Charakter sollte der Rahmen etwas weiter gesteckt sein. Wenn Sie eine Aktie mit einem Kurspotenzial von 100 Prozent kaufen, also einen überdurchschnittlich dynamischen Wert, dann sollte auch der „Schwankungsrahmen" weiter gesteckt werden – vielleicht 30 Prozent oder sogar noch etwas mehr. Ein deutlich höherer Verlust ist aber nicht mehr akzeptabel, weil man bei einem Minus von 40 Prozent bereits einen Gewinn von 66,7 Prozent benötigt, um das Minus wieder aufzuholen. Bei einer Kurshalbierung muss sich eine Aktie sogar schon verdoppeln, um den Abschlag wieder aufzuholen. Und bei einem Minus von 80 Prozent ist hierfür ein Anstieg von 400 Prozent vonnöten – und das ist dann schon nahezu unmöglich.

Aber wie begrenze ich in der Praxis meine Verluste? Natürlich mit Stoppkursen, wenngleich ich diese nicht am Markt platzieren würde, sondern eher zu mentalen Stopps rate. Maßgeblich für den Stoppkurs sollten zudem die Schlusskurse sein, damit man nicht Gefahr läuft, während des Handelstages bei größeren Tagesschwankungen seine Position zu „verlieren". Wenn also eine Aktie unterhalb des Stoppkurses den Handel beendet, dann wird sie einfach am nächsten Tag zur Eröffnung verkauft, und zwar ohne Wenn und Aber, auch wenn es keinen erkennbaren Grund für die Kursverluste geben sollte. Abgesehen davon, dass stark fallende Kurse Grund genug sein sollten, sich von einer Position zu trennen, gibt es fast immer einen Grund für nachgebende Notierungen. Allerdings wird dieser oft erst nachgereicht.

So ist häufig zu beobachten, dass Aktien im Vorfeld der Veröffentlichung von Ergebnissen bereits im Kurs nachgeben und dann die veröffentlichten Zahlen auch wirklich schwach sind, was zumeist einen weiteren Kursrutsch nach sich zieht. Die Erklärung ist einfach: Die Mehrheit der Marktteilnehmer hat ein schwaches Ergebnis erwartet und sich bereits im Vorfeld von ihren Aktien getrennt.

Es ist wichtig, sich klarzumachen, dass Verluste an der Börse unvermeidbar sind. Sie gehören einfach dazu. Sofern es gelingt, die prozentualen Verluste pro Position deutlich kleiner zu halten als die Gewinne, reicht es bereits, wenn nur die Hälfte aller Transaktionen ein positives Ergebnis erwirtschaftet. Auch die besten Börsenprofis schaffen nur selten ein besseres Resultat, aber sie sind diszipliniert und erfahren genug, um ihre Verluste klein zu halten.

BEZIEHUNGEN UND AKTIEN

Dabei fällt es Profis nicht unbedingt leichter, sich von Verlustpositionen zu trennen, etwa dann, wenn sie in Kontakt zum Vorstand eines Unternehmens stehen. Eigentlich ist der direkte Draht zum Chef eines Unternehmens ein Vorteil, ich habe es jedoch selbst erlebt, wie daraus schnell ein großer Nachteil werden kann. Während ein „normaler" Anleger etwa nach der Veröffentlichung schlechter Quartalsergebnisse seine Aktien einfach emotionslos verkauft, kann ein Profi beim Vorstand anrufen und nach den Hintergründen fragen. In der Regel wird er dann Aussagen hören wie „Die kommenden Quartale sehen besser aus" oder „Es hat lediglich einige Lieferengpässe gegeben". Was soll er auch sagen, etwa: „Noch so ein Quartal und wir stehen vor der Insolvenz"? Selbst wenn es so wäre, er dürfte es aus rechtlichen Gründen gar nicht verraten. Aus dem Vorteil des direkten Kontaktes kann also sehr schnell ein Nachteil werden – ein teurer Nachteil.

Aber auch ohne direkten Kontakt zum Vorstand eines Unternehmens passiert es häufig, dass sich sowohl Privatanleger als auch Profis so intensiv mit einer Aktie befassen, dass es schwer wird, sich von ihr zu trennen. Wenn man diese Postion dann auch noch recht lange hält und sie einem schon viel Freude bereitet hat, wird die Trennung noch schwieriger. Merken Sie etwas?

Richtig, es geht nicht um eine Beziehung, sondern lediglich um Aktien. Von denen wollen Sie eigentlich nur eines: steigende Kurse. Und wenn das nicht funktioniert, dann wird eben Schluss gemacht. Manchmal habe ich aber das Gefühl, es fällt vielen Anlegern schwerer, sich von ihrer Lieblings-Aktie zu trennen als von ihrer Frau (beziehungsweise von ihrem Mann). Für meine Vorträge habe ich daraus eine Art Gebot formuliert: „Du sollst Deine Aktien nicht heiraten!"

EIN MILLIARDÄR HAT'S SCHWER

Auch der bekannte Hedgefondsmanager und Multimilliardär John Paulson achtet in erster Linie auf seine Verluste. Paulson wurde bekannt, als er für seine Anleger (und für sich) während der Finanzkrise zweistellige Milliardenbeträge verdiente. Er erkannte früh die sich abzeichnende Immobilienkrise und spekulierte auf Kreditausfälle. Dabei ließ er sich von der Großbank Goldman Sachs sogar eigene Produkte entwickeln. Paulson liebt es, antizyklisch zu handeln und sich gegen die gängige Meinung zu stellen. Als er schon längst auf das Platzen der Immobilien- und Hypothekenblase spekulierte, kauften deutsche Banken noch immer säckeweise die hochexplosiven Finanzprodukte. Das wirkliche Geheimnis hinter Paulsons Erfolg ist jedoch sein Umgang mit Verlusten. Sein wichtigster Leitsatz lautet: „Achte vor allem auf Kursverluste, Kursgewinne brauchen keinen Aufpasser." Und diesen setzt er konsequent um, denn auch eine lebende Investmentlegende ist nicht vor bösen Überraschungen und schlechten Investments gefeit. Im Sommer 2011 lag er sogar komplett daneben. Er hatte einen Betrag von rund einer Milliarde Dollar in den chinesischen Forstkonzern Sino-Forest investiert, was rund 14 Prozent aller ausstehenden Aktien entsprach.
Sino-Forest war nicht nur eine echte Wachstumsstory, sondern dabei auch noch extrem profitabel. Bei 767 Millionen Dollar Umsatz wurde im Jahr 2010 ein operativer Gewinn von 553 Millionen Dollar erwirtschaftet. Wer hätte gedacht, dass sich mit ein paar Bäumen so viel Geld verdienen lässt? Die Bezeichnung „ein paar Bäume" ist hier wirklich treffend, denn Sino-Forest hat anscheinend jahrelang viel zu große Flächen ausgewiesen und seine

KAPITEL SECHS | VERLUSTE – UNVERMEIDBAR, ABER HALB SO SCHLIMM

Bilanzen aufgebläht. Als die Gerüchte publik wurden, reagierten die Anleger mit massiven Verkäufen, der Aktienkurs von Sino-Forest stürzte in kürzester Zeit um 80 Prozent ab. Einige Milliarden Dollar wurden vernichtet, allein bei Paulson waren es rund 800 Millionen Dollar. Und was hat Paulson mit seinen insgesamt 34,7 Millionen Aktien gemacht? Er hat umgehend die Notbremse gezogen und die gesamte Position verkauft, wohl wissend, dass er so zusätzlichen Druck auf den Kurs erzeugt. Es war noch nicht klar, ob die Gerüchte überhaupt stimmten, das Unternehmen hat sämtliche Vorwürfe bestritten. Was Paulson aber wusste, war, dass es in den Wochen und Monaten zuvor zahlreiche Bilanzskandale bei chinesischen Unternehmen gegeben hatte und viele Papiere vom Handel ausgesetzt waren.

Der sofortige Verkauf Paulsons ist ein schönes Beispiel für die Börsenweisheit „In doubt stay out", also „Im Zweifel draußen bleiben". Oder aber auch „Im Zweifel raus!" Wenn überraschend Probleme auftauchen, die beim Kauf der Aktie nicht absehbar waren, dann ist es am besten, sich erst einmal zu verabschieden. Denn Paulson hätte die Aktie von Sino-Forest sicherlich nicht gekauft, hätte er um die Betrugsvorwürfe gewusst, auch wenn sie noch so günstig gewesen sein mag. Vielleicht werden Sie jetzt argumentieren, wenn 80 Prozent des Kapitals schon weg sind, dann kann man die verbleibenden 20 Prozent ruhig belassen. Ein Verkauf „lohnt" doch nicht mehr, der Verlust ist ohnehin schon „zu groß". Bei Paulson standen aber immerhin noch 200 Millionen Dollar auf dem Spiel. Und selbst wenn es „nur" 2.000 oder 200 Dollar wären, es geht um die Rettung von Kapital, denn bei solchen Aktien ist auch ein Totalverlust nicht unwahrscheinlich.

DER ERSTE VERKAUF IST DER KLEINSTE

Die Regel „Im Zweifel raus" gilt nicht nur bei Betrugsvorwürfen, sondern auch bei anderen einschneidenden Ereignissen. Klassische Verkaufsgründe sind etwa ein überraschender Rücktritt des Vorstandes oder eine Gewinnwarnung. Ich habe mir in den vergangenen Jahren angewöhnt, in solchen Fällen die Position immer so schnell wie möglich zu liquidieren, auch wenn der Kurs zehn oder sogar 20 Prozent tiefer notiert. In den meisten

KAPITEL SECHS | VERLUSTE – UNVERMEIDBAR, ABER HALB SO SCHLIMM

Fällen – ohne es genau analysiert zu haben – notiert die Aktien einige Wochen später nämlich noch ein ganzes Stück tiefer. Das liegt in erster Linie daran, dass eine extrem schlechte Nachricht und der folgende große Kursabschlag zu einem nachhaltigen Vertrauensverlust bei den Anlegern führt. Niemand möchte Papiere im Bestand haben, bei denen es zu bösen Überraschungen kommen kann. Aktien, bei denen genau das passiert ist, haben einen Makel und werden über Wochen, Monate, manchmal sogar Jahre von Anlegern gemieden. Abgesehen von dieser psychologischen Komponente haben Vorstandsrücktritte oder Gewinnwarnungen natürlich auch erhebliche Auswirkungen auf das operative Geschäft – sie zeigen, dass etwas nicht läuft wie geplant. Es ist ganz einfach: Warum sollte man Aktien von einem Unternehmen besitzen, bei dem es nicht rund läuft, das von Anlegern gemieden wird und bei dem man mit bösen Überraschungen rechnen muss? An dieser Stelle möchte ich noch ein praktisches Beispiel aus meinem Börsenbrief anführen. Kurz vor Weihnachten im Jahr 2010 habe ich die Aktie des chinesischen Solarkonzerns Renesola in das Musterdepot des „maydornreport" aufgenommen. Die Aktie hatte eine 40-prozentige Korrektur hinter sich und war mit einem KGV von 4 ausgesprochen niedrig bewertet.

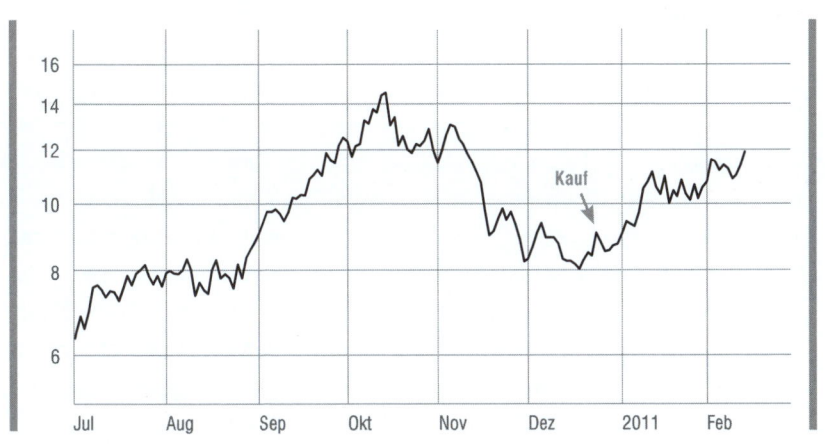

ABBILDUNG 6.2 | **RENESOLA** IN US-DOLLAR
JULI 2010 BIS FEBRUAR 2011

KAPITEL SECHS | VERLUSTE – UNVERMEIDBAR, ABER HALB SO SCHLIMM

ABBILDUNG 6.3 | RENESOLA IN US-DOLLAR
JULI 2010 BIS ENDE MÄRZ 2011

Zudem hatte das Management gerade mitgeteilt, bereits 70 Prozent der gesamten Jahresproduktion des Folgejahres im Voraus verkauft zu haben. Kurzum, es passte einfach alles zusammen. Das Kurspotenzial lag bei über 100 Prozent, denn selbst nach einer Kursverdopplung wäre die Aktie nicht zu teuer gewesen. Der Kaufkurs lag bei 8,46 Dollar. Zunächst entwickelte sich alles bestens. Nur zwei Monate später hatte die Aktie bereits 50 Prozent zugelegt und war auf knapp 13 Dollar gestiegen. Ich war voller Zuversicht, die angestrebten 100 Prozent in wenigen Monaten zu erreichen.

Doch dann kam der Kursanstieg nicht nur ins Stocken, sondern der Kurs gab sogar leicht nach – scheinbar grundlos. Dann, am 28. Februar 2011, meldete Renesola völlig überraschend, dass es die Prognosen für das laufende erste Quartal verfehlen werde. Der Umsatz werde rund zehn Prozent niedriger ausfallen als ursprünglich geplant und deutlich unter dem des Vorquartals liegen. Zudem würden die Bruttomargen aufgrund zu hoher Produktionskosten zusammenschrumpfen. Ein echter Schock. Die Aktie stürzte noch am selben Tag nachbörslich um rund zehn Prozent ab und ich entschloss mich relativ schnell dazu, die Aktie am nächsten Tag zum Verkauf zu stellen (mit knapp über neun Dollar). Immerhin blieb im Vergleich zum Kauf noch ein kleiner Gewinn von rund zehn Prozent, aber das spielte keine Rolle für die Verkaufsentscheidung. Ich hätte auch bei minus 30 Prozent verkauft. Und immerhin hatte die Aktie ja gegenüber ihrem kurz zuvor erreichten Hoch rund 30 Prozent an Wert verloren.

Einige Leser meines Börsenbriefes konnten den Verkauf nicht nachvollziehen. Sie argumentierten, die Warnung sei nicht so dramatisch gewesen und schließlich sei jetzt auch der Aktienkurs niedriger und der Wert eigentlich wieder attraktiv. Warum dem nicht so war, habe ich bereits ausführlich erläutert. Und tatsächlich rutschte der Kurs an den folgenden Tagen noch auf gut 8,00 Dollar ab. Dann aber setzte eine Gegenbewegung auf knapp über zehn Dollar ein, also wieder über den Verkaufskurs. War der Verkauf also doch ein Fehler gewesen? Nein, war er nicht, denn bis Mitte Juni verlor Renesola kontinuierlich an Wert und rutschte sogar unter fünf Dollar. Die Kursabschläge bei anderen chinesischen Solartiteln, der sogenannten Peergroup, lagen im gleichen Zeitraum übrigens lediglich zwischen zehn und 20 Prozent. Insofern lassen sich die starken Abschläge Renesolas nicht nur mit einer Branchenschwäche rechtfertigen. Und gerade als ich diese Zeilen schreibe, meldet Renesola die nächste Hiobsbotschaft. Die Finanzchefin des

ABBILDUNG 6.4 | **RENESOLA** IN US-DOLLAR
JULI 2010 BIS ENDE JUNI 2011

KAPITEL SECHS | VERLUSTE – UNVERMEIDBAR, ABER HALB SO SCHLIMM

Unternehmens verlässt Renesola, die Aktie verliert nachbörslich erneut kräftig an Wert.

Also, noch einmal der dringende Rat: Wann immer es nach extrem negativen Nachrichten wie etwa einer Gewinnwarnung, schlechten Ergebnissen oder dem überraschenden Rücktritt eines Vorstandes zu einem drastischen Kursrutsch kommt, sollte sofort die Notbremse gezogen und verkauft werden. Ein solches Ereignis bleibt nämlich in den Köpfen der Investoren hängen und macht den Titel oftmals auf Monate hinweg uninteressant. In diesem Fall gilt die auch sonst selten falsche Börsenweisheit: Der erste Verlust ist der kleinste. Und wenn sich einige Zeit später wider Erwarten herausstellen sollte, dass sich die Probleme in Luft aufgelöst haben, dann spricht nichts dagegen, diese Aktie wieder zu kaufen. Dabei spielt es keine Rolle, ob der Kaufkurs unter oder über dem Verkaufskurs liegt, auch wenn es beim Kauf zu höheren Kursen eine psychologische Barriere zu überwinden gilt.

In einer Ausgabe meines Börsenbriefes „maydornreport" habe ich das Verkaufen von Verlustpositionen mit dem Runterbringen von Müll verglichen. Niemand macht es gerne, aber je länger man damit wartet, desto unangenehmer wird der Geruch. Und wer hat schon gerne ein stinkendes Depot? Hinzu kommt, dass man sich danach sogar besser fühlt.

So, jetzt aber Schluss mit dem unangenehmen Thema Verluste. Es freut mich, wenn Sie bis zum Ende dieses Kapitels durchgehalten haben. Ab jetzt geht es nur noch ums große Geldverdienen, versprochen!

KAPITEL SIEBEN | GEWINNE – AUF DIE GRÖSSE KOMMT ES AN

KAPITEL SIEBEN | GEWINNE – AUF DIE GRÖSSE KOMMT ES AN

Im vorangegangenen Kapitel habe ich Ihnen – hoffentlich eindringlich genug – gezeigt, wie wichtig die Verlustbegrenzung ist. Gleichzeitig habe ich angedeutet, dass Ihre Gewinne mit Aktien so groß wie möglich sein sollten, um nicht nur die unvermeidlichen Verluste ausgleichen zu können, sondern letztlich unter dem Strich noch ordentlich Geld zu verdienen. Das Ziel sollten also nicht Gewinne von 15, 20 oder 25 Prozent, sondern möglichst 100 Prozent oder sogar mehr sein. Sicherlich lassen sich nicht jeden Tag 100-Prozent-Chancen finden, aber es gibt immer wieder diverse Möglichkeiten, mit Aktien sein Geld zu verdoppeln. Ich bin mir sicher, dass jeder Aktienbesitzer schon einmal solche Titel in seinem Depot hatte. Und dennoch haben die wenigsten Anleger diese außergewöhnlichen Renditen auch erreicht. Warum nicht? Ganz einfach, sie haben zu früh verkauft.

Wer grundsätzlich kleinere Gewinne früh realisiert, wird nie den ganz großen Coup landen und sein eingesetztes Kapital vervielfachen können. Wie ärgerlich ist es, eine Aktie mit einem kleinen Gewinn zu verkaufen und mit ansehen zu müssen, wie sie anschließend immer weiter in die Höhe schnellt. Und wie schwierig ist es, dann zu höheren Kursen noch einmal zu kaufen. Diese psychologische Hürde ist für viele Anleger unüberwindlich. Ich hatte es bereits angesprochen, entgangene Gewinne sind mindestens genauso schlimm wie Verluste, eigentlich sogar noch schlimmer. Denn Sie können mit einem Investment maximal 100 Prozent verlieren, aber Sie können mehrere 100 Prozent verdienen.

DER KANADISCHE ÜBERFLIEGER

Ich möchte Ihnen an einem praktischen Beispiel schildern, wie schmerzhaft und teuer ein zu früher Verkauf sein kann. Vor einigen Wochen rief mich ein Freund an und erzählte mir, er habe in Kanada eine hochinteressante Aktie entdeckt. Die Firma, die dahinter steckt, habe ein Übersetzungsprogramm entwickelt, das sich in Social Networks wie Facebook und verschiedene Messenger integrieren lasse und in Echtzeit die geschriebenen Texte in die gewünschte Sprache übersetze. Dazu komme noch eine Story, die an der Börse hohe Wellen schlagen könne – weil im Jahr 2011 eine Art Facebook-Manie ausgebrochen war. Aktien von Unternehmen, die nur entfernt etwas mit Facebook zu tun hatten, erlebten einen geradezu wahnwitzigen Boom. Facebook selbst war noch nicht börsennotiert, aber dennoch betrug der Wert des Unternehmens bereits 100 Milliarden Dollar.

Mein Freund erzählte mir also von dieser kanadischen Aktie mit Namen Intertainment (der mich irgendwie an eine Aktie des Neuen Marktes erinnerte) und dass er sich zu 0,16 Kanadischen Dollar eine kleine Position gekauft habe. Kurzzeitig dachte ich darüber nach, auch ein paar Dollar zu investieren, auch wenn ich vom Geschäftsmodell nicht unbedingt begeistert war. Außerdem war ich in Anbetracht der sehr aggressiv verfassten Pressemitteilungen des Unternehmens skeptisch. Sich als kleiner Entwickler eines Übersetzungsprogrammes mit Facebook zu vergleichen und damit zu prahlen, dass man deutlich schneller wachse, war mir etwas zu dick aufgetragen. Außerdem war der Kurs schon auf 0,19 Dollar gestiegen. Also entschied ich mich, zunächst abzuwarten. Einige Stunden später schaute ich erneut auf den Kurs und die Aktie kostete bereits 0,22 Dollar. Im Vergleich zum Vortag entsprach das schon einem Plus von über 80 Prozent – das war mir dann doch zu viel und ich entschloss mich gegen einen Kauf, zumal ich ja von der Aktie ohnehin nicht überzeugt war.

An den nächsten Tagen hatte ich viel zu tun und habe daher den Kurs nicht weiter verfolgt. Nach drei Tagen riskierte ich doch mal wieder einen Blick und traute meinen Augen kaum: Mittlerweile notierte Intertainment bei 0,45 Dollar. Mein erster Gedanke fing mit „Sch..." an und endete mit „Hättest Du nur". Der zweite Gedanke war, ich muss meinen Freund anrufen und ihm zu seinem Investment gratulieren. Immerhin lag er mit der Position jetzt fast 200 Prozent im Plus – und das in gerade einmal drei Tagen. Bevor ich jedoch meine Glückwünsche loswerden konnte, hörte ich schon an seinem Tonfall, dass irgendetwas schiefgelaufen sein musste. Ich ahnte, was passiert war. Er hatte seine Position bereits am Tag des Kaufs wieder verkauft – zu 0,22 Dollar. Immerhin ein Gewinn von fast 40 Prozent und das innerhalb weniger Stunden. Aber es ist ein schwacher Trost, wenn man die beste Aktie der letzten Tage hatte und sie einfach nur zu früh verkauft hat. Und warum hat er verkauft? Weil er den schönen Tagesgewinn realisieren

KAPITEL SIEBEN | GEWINNE – AUF DIE GRÖSSE KOMMT ES AN

wollte und gehofft hatte, am folgenden Tag günstiger wieder einsteigen zu können. Aber das hat nicht funktioniert, weil der Titel ohne jegliche Korrektur an drei Tagen in Folge nach oben schnellte. Und wie schwer es ist, eine einmal verkaufte Aktie teurer wieder einzukaufen, habe ich ja bereits erläutert.

Wenn es danach geht, hätte ich jedoch kaufen können, denn schließlich war ich noch nicht in den Titel investiert gewesen. Allerdings wäre es nicht nur mutig, sondern eher übermütig gewesen, eine Aktie zu kaufen, die sich innerhalb weniger Tage fast verdreifacht hat. Doch im Nachhinein betrachtet wäre es absolut richtig gewesen, denn die Aktie von Intertainment stieg an den folgenden Tagen noch bis auf über 0,90 Dollar, ehe eine Korrektur den Kurs wieder auf 0,40 Dollar drückte. Auf diesem Niveau verharrte die Aktie einige Wochen. Dann gewann die Aktie jedoch wieder an Dynamik und innerhalb weniger Tage wurde das alte Hoch von 0,90 Dollar nicht nur erreicht, sondern sogar überschritten. Was folgte, war eine regelrechte Kursexplosion, die den Kurs innerhalb weniger Tage auf über drei Dollar (!) in die Höhe katapultierte. Die Gründe für diesen Anstieg waren diverse Pressemitteilungen des Unternehmens in dem angesprochenen aggressiven Stil,

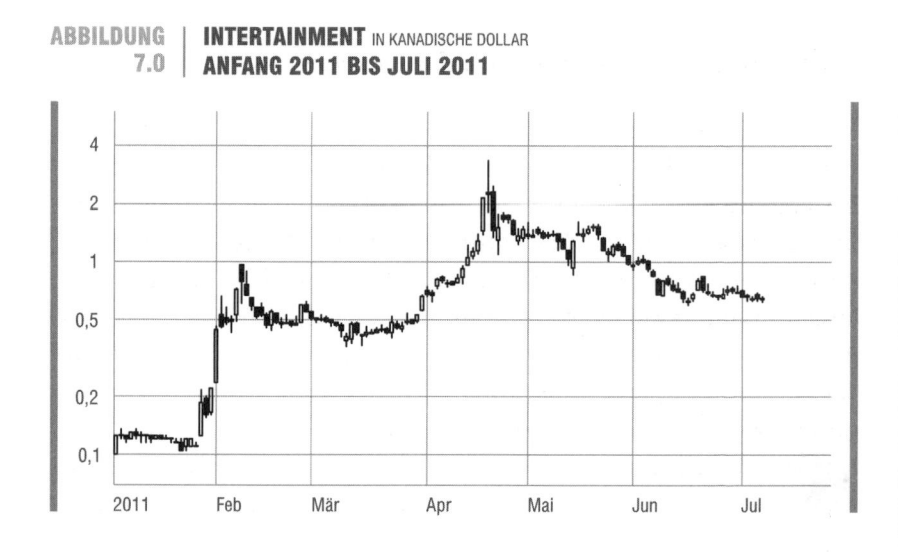

ABBILDUNG 7.0 | INTERTAINMENT IN KANADISCHE DOLLAR
ANFANG 2011 BIS JULI 2011

gepaart mit einer extremen Kaufpanik von kurzfristig orientierten Tradern. Zeitweise wurden an nur einem Tag über 60 Millionen Aktien gehandelt, was die Zahl der frei handelbaren Aktien um ein Vielfaches überstieg.

Unter dem Strich war Intertainment also innerhalb von drei Monaten von 0,16 auf 3,00 Dollar gestiegen, was einer Rendite von fast unglaublichen 2.844 Prozent entspricht. Im Vergleich dazu wirken die 40 Prozent, die mein Freund mitgenommen hat, geradezu kümmerlich. Entsprechend groß war sein Ärger. Verständlich, denn im Gegensatz zu mir hat er die Aktie tatsächlich besessen und völlig grundlos verkauft. Oder besser gesagt, der Verkaufsgrund waren Gewinnmitnahmen. Eine oft zitierte Börsenweisheit besagt, dass an Gewinnmitnahmen noch niemand gestorben ist. Das stimmt zwar, aber sie können dennoch sehr schmerzhaft sein. Und wer regelmäßig zu früh Gewinne realisiert, läuft große Gefahr, seiner Gesamtperformance ernsthaften Schaden zuzufügen. Übrigens ist die Aktie einige Monate später wieder auf unter 0,70 Dollar abgestürzt. Nach wie vor halte ich nicht viel vom Unternehmen und vom Geschäftsmodell, aber manchmal ist es besser, eine „schlechte" Aktie zu haben, die steigt, als eine gute, die fällt – wieso eigentlich nur manchmal?

DIE WIRKLICH WICHTIGE BÖRSENWEISHEIT

Wie nun schon mehrfach betont, sind Verluste an der Börse nicht zu vermeiden. Und daher sind möglichst hohe Gewinne für einen Ausgleich so wichtig. Mit einem Gewinn von 100 Prozent kann man drei Verluste von 30 Prozent ausgleichen und hat trotzdem unter dem Strich noch etwas verdient. Wenn man die 100-Prozent-Aktie allerdings schon bei plus 30 Prozent verkauft, reicht es nur zum Ausgleich eines Verlustes. Rechnen Sie doch mal aus, wie viele 30-Prozent-Verluste man mit einem Gewinn von 2.844 Prozent ausgleichen kann …

Es gibt wohl einige Hundert Börsenweisheiten. Viele, wie etwa die gerade angesprochene Aussage „An Gewinnmitnahmen ist noch niemand gestorben", sind in meinen Augen nicht nur zweifelhaft, sondern sogar falsch.

KAPITEL SIEBEN | GEWINNE – AUF DIE GRÖSSE KOMMT ES AN

Meiner Ansicht nach gibt es unter dem Strich nur eine einzige Börsenweisheit, an die man sich wirklich halten sollte, ja halten muss. Leider ist es auch diejenige, die am schwersten umzusetzen ist. Wer dieses und das vorangegangene Kapitel aufmerksam gelesen hat, der weiß, auf welche Regel ich hinauswill. Auf meinen Vorträgen bekomme ich auf die Frage nach der einzig wichtigen Börsenregel teilweise recht erheiternde Antworten wie etwa „Keine Verluste machen" zu hören. Sehr schön ist auch: „Aktien kaufen, die steigen". Aber die Antwort kann nur lauten:

GEWINNE LAUFEN LASSEN, VERLUSTE BEGRENZEN!

Klingt nicht nur logisch, sondern ist eigentlich auch ganz einfach. Doch nicht umsonst versuche ich Ihnen schon seit geraumer Zeit die Tücken dieser so treffenden, aber eben so enorm schwer umzusetzenden Börsenweisheit zu erläutern. Viele Anleger handeln selbst nach jahrelanger Börsenerfahrung exakt entgegengesetzt: Sie begrenzen ihre Gewinne und lassen den Verlusten freien Lauf. Wohin das führen kann, habe ich Ihnen bereits im vorangegangenen Kapitel erläutert. Jetzt aber zu den Gewinnen. Es fällt den meisten Anlegern nicht nur schwer, Verlustpositionen zu verkaufen, sondern Sie schaffen es auch nicht, gut laufende Aktien lange genug zu halten. Es ist einfach zu verlockend, die aufgelaufenen Gewinne zu realisieren. Warum sollte man auch auf die zweite oder dritte Schokoladentorte warten, wenn man doch die erste direkt mitnehmen kann? Ganz einfach, weil es passieren kann, dass es danach über Monate gar keine Schokoladentorte mehr gibt. Wenn man schon mal einen echten Outperformer erwischt, dann soll und muss man das vorhandene Kurspotenzial auch ausreizen. Und warum haben eigentlich die meisten Anleger bei steigenden Aktien viel mehr Angst vor einem Kurseinbruch als bei Aktien, die sich in einem Abwärtstrend befinden?

Auch wenn ich es empirisch nicht belegen kann, so möchte ich wetten, dass größere Kursabschläge bei ohnehin schwachen Aktien um ein Vielfaches häufiger vorkommen als bei Papieren, die sich in einem soliden Aufwärtstrend befinden. Selbst wenn ich jetzt vielleicht drei Euro ins Phrasenschwein einzahlen muss, die Erklärung ist einfach: „The trend is your friend". Aktien bewegen sich in Trends und in einem Aufwärtstrend fallen Rücksetzer zumeist deutlich harmloser aus. Überdies gibt es in der Regel fundamentale Gründe dafür, dass sich einige Aktien in einem soliden Aufwärtstrend befinden, während andere in der gleichen Zeit von einem Tief zum nächsten taumeln. Und genau deswegen sollten Anleger bei steigenden Papieren auch so lange wie möglich dabeibleiben.

DIE HÄLFTE RAUS!

Aber was tun, wenn eine Aktie innerhalb kürzester Zeit extrem in die Höhe schießt und zumindest eine kurzfristige Korrektur unumgänglich erscheint? Dieses „Problem", wohl besser zu bezeichnen als Luxusproblem, lässt sich relativ einfach lösen. Verkaufen Sie einfach die Hälfte der Position. Dann wird man zwar weder so richtig glücklich, aber auch nicht bitter enttäuscht. Ohnehin muss man sich als Anleger davon frei machen, die optimalen Kauf- und Verkaufszeitpunkte finden zu wollen – denn das hat noch niemand geschafft. Insofern ist ein Teilverkauf eine recht angenehme Lösung. Grundsätzlich habe ich mir angewöhnt, bei einem Gewinn von 100 Prozent die Hälfte der Position zu verkaufen. So habe ich das eingesetzte Kapital in trockenen Tüchern und der Gewinn kann praktisch gratis weiter für mich arbeiten.

AUTOMATISCHE ANPASSUNG

Die meisten Anleger neigen grundsätzlich dazu, ihre Verlustpositionen aufstocken zu wollen und ihre Gewinneraktien zu verkaufen. Mit einer solchen Vorgehensweise wirken sie dem Effekt der „automatischen positiven Gewichtungsanpassung" entgegen. Klingt kompliziert, ist aber eine ganz einfache Sache. Nehmen wir an, es befinden sich fünf Aktien in einem Depot, jede mit einer Anfangsgewichtung von 20 Prozent. Nach sechs Monaten ist eine Aktie um 50 Prozent gestiegen, zwei weitere um 20 Prozent und zwei Papiere haben 20 Prozent an Wert verloren. Unterm Strich ergibt das einen

KAPITEL SIEBEN | GEWINNE – AUF DIE GRÖSSE KOMMT ES AN

Wertzuwachs von zwölf Prozent auf das Gesamtdepot. Durch die Kursveränderungen hat sich jedoch auch die Gewichtung der einzelnen Positionen verändert. Sie sieht nun wie folgt aus: Die stark gestiegene Aktie hat ihre Gewichtung auf 28,6 Prozent ausgebaut, die anderen beiden Gewinneraktien sind mit 21,4 Prozent ebenfalls leicht höher gewichtet. Bei den beiden Minuspositionen hat sich die Gewichtung indes auf 14,3 Prozent reduziert. Sie sehen also, dass Ihre Gewinneraktien automatisch mehr Gewicht bekommen und sich die Verlustpositionen reduzieren. Diesem Trend sollten Sie nicht entgegenwirken. Also noch einmal in aller Deutlichkeit: Begrenzen Sie Ihre Verluste und lassen Sie die Gewinne laufen – dann klappt es auch mit den Aktien!

KAPITEL ACHT | PRIVATE SIND BESSER ALS PROFIS

KAPITEL ACHT | PRIVATE SIND BESSER ALS PROFIS

Ist es überhaupt sinnvoll, sich mit einzelnen Aktien zu beschäftigen? Sollte man sein Geld nicht lieber Profis anvertrauen, also in einen Fonds investieren? Oder ganz einfach ein Indexzertifikat kaufen? Von diesen beiden Möglichkeiten würde ich Ihnen – wenn überhaupt – die zweite empfehlen. Das allerbeste ist jedoch, Sie nehmen Ihre Anlageentscheidungen selbst in die Hand. Denn als Privatanleger haben Sie gegenüber den vermeintlichen Profis mehr Vorteile, als Sie denken. Doch schauen wir zunächst einmal, was die Experten so alles anbieten.

Es ist längst kein Geheimnis mehr, dass die Mehrzahl der Fonds – es sind je nach Börsenphase zwischen 60 und 80 Prozent – schlechter abschneidet als ihre Benchmark, also als vergleichbare Aktienindizes. Aber auch der Kauf eines Indexzertifikats oder eines ETF (Exchange Traded Fund) auf einen Index ist nicht wirklich die beste Lösung. So sind im DAX zwar die 30 führenden deutschen Unternehmen enthalten und im Dow Jones die 30 Top-Firmen der USA, aber durch die hohen Anforderungen für eine Aufnahme in den Index werden neue Unternehmen zumeist erst dann aufgenommen, wenn sie ihr größtes Wachstum bereits hinter sich haben. Das gilt in der Regel auch für die Entwicklung der Aktienkurse. Zum Zeitpunkt einer Indexaufnahme sind aus dynamisch wachsenden Firmen zumeist träge Milliardenkonzerne geworden, die bestenfalls mit halbwegs annehmbaren Dividendenrenditen punkten können.

So wurde etwa Microsoft erst im November 1999 in den Dow Jones aufgenommen. In den zehn Jahren zuvor hatte die Aktie um fast 1.000 Prozent zugelegt. Microsoft war DIE Wachstumsstory des Jahrzehnts. Das Timing der Aufnahme hätte schlechter kaum sein können, sie erfolgte zum Kurs von 45 Dollar. Ihr Allzeithoch erreichte Microsoft vier Wochen später mit 55 Dollar. Bis zum Jahr 2011 hat sich der Kurs von Microsoft dann mehr als halbiert.

Aus einem der dynamischsten Unternehmen der 80er- und 90er-Jahre ist im neuen Jahrtausend ein träger Moloch geworden, der viele wichtige Trends verschlafen hat oder zu spät kam und seine aufgehäuften Milliarden lieber an seine Aktionäre und seinen Chef auszahlt, als sie in neue Technologien oder clevere Übernahmen zu investieren.

500 PROZENT AM DAX VORBEI

Während die Index-Hüter beim Dow Jones nur sehr selten Anpassungen vornehmen, geht es beim deutschen Pendant DAX fast zu wie im Taubenschlag. Innerhalb weniger Monate wurden in den Jahren 2009 und 2010 sechs neue Titel aufgenommen. Von 1988 bis 2011 gab es insgesamt 31 Anpassungen, nur noch knapp die Hälfte der ursprünglichen Besetzung ist heute im DAX dabei. Dass hektische Anpassungen auch keine Lösung sind und die Index-Anleger ordentlich Performance kosten können, zeigt das Beispiel Infineon.

Am 23. März 2009 verlor die Aktie ihren Platz im deutschen Leitbarometer. Im Zuge der Finanzkrise war Infineon zum Pennystock degeneriert, zum Zeitpunkt des Rauswurfs kostete eine Aktie nur noch 0,60 Euro. Zuvor hatte der Titel – als DAX-Mitglied – über 90 Prozent an Wert verloren. Kaum war Infineon aus dem DAX geflogen, legte der Kurs dramatisch zu. Im September 2009 kostete eine Aktie bereits wieder 3,70 Euro – und wurde prompt erneut in den DAX aufgenommen. Den gewaltigen Anstieg von 500 Prozent hat Infineon also außerhalb des Leitindex hingelegt. Auf eine ähnliche Performance eines DAX-Wertes innerhalb so kurzer Zeit wird man wohl Jahrzehnte warten müssen. Es sei denn, es findet sich noch einmal ein Sportwagenproduzent, der die fixe Idee hat, VW zu übernehmen …

Indizes sind also in der Regel mit ihren Anpassungen zu spät dran und nehmen Aktien erst dann auf, wenn sie die größten Kurssteigerungen bereits hinter sich haben. Und Fonds sind noch schlechter als die Indizes. Da bleibt dem Anleger, der mit Aktien Geld verdienen will, eigentlich keine andere Wahl, als sein Schicksal selbst in die Hand zu nehmen.

Wenn man sich an ein paar Regeln hält (Gewinne laufen lassen, Verluste …), mit offenen Augen durch die Welt geht und seinen gesunden Menschenverstand nutzt – und vielleicht noch den richtigen Börsenbrief liest –, dann ist es gar nicht schwer, deutlich bessere Ergebnisse zu erzielen als DAX, Dow oder irgendwelche Fondsmanager. Es warten noch Hunderte Möglichkeiten, sein Geld zu verdoppeln, und sie sind einfacher zu finden, als man zunächst denkt.

KAPITEL ACHT | PRIVATE SIND BESSER ALS PROFIS

FRAGEN SIE DIE SCHWIEGERMUTTER

Hinzu kommt die Tatsache, dass man als Privatanleger gegenüber Fondsmanagern oder institutionellen Anlegern einen unschätzbaren Vorteil hat: Als Privatanleger sind Sie an keine Regeln oder Vorgaben gebunden, Sie müssen sich vor niemandem rechtfertigen und sind in Ihren Anlageentscheidungen völlig frei. Sie sind weder an bestimmte Branchen noch an ausgewählte Märkte gebunden und haben darüber hinaus bei der Gewichtung Ihrer Positionen völlig freie Hand. Wenn Sie wollen, können Sie Ihr gesamtes Kapital in einen thailändischen Hersteller von türkisen Schlauchbooten investieren oder in einen Entwickler von Solar-Trockenhauben aus Ägypten. (Ich hoffe, dass Sie jetzt nicht gleich im Internet nach diesen beiden Firmen suchen.)

Und natürlich sollte man durchaus ein paar Positionen mehr in seinem Depot haben als nur eine oder zwei. Aber wie viele eigentlich? Wenn ich danach auf meinen Vorträgen frage, meldet sich eigentlich immer der eine oder andere Zuhörer, dessen Depot mehr als 20 Positionen umfasst. Dann frage ich in der Regel nach, für welche Fondsgesellschaft er (oder sie) arbeitet. Abgesehen vom immensen Zeitaufwand bei der Verfolgung einer so großen Zahl an Einzelwerten leidet darunter auch die Gesamtperformance. Wenn Sie nämlich bei 20 Einzeltiteln jede Position mit fünf Prozent gewichten, dann wirkt sich ein Kursverdoppler lediglich mit einem Gewinn von fünf Prozent auf ihre gesamte Depotperformance aus.

Auf der anderen Seite ist eine Gewichtung einer Einzelposition mit mehr als 20 Prozent ebenfalls nicht zu empfehlen, weil dann Klumpenrisiken entstehen (ein wirklich schöner Begriff, der aus der Schweiz kommt). Ein gut strukturiertes Depot sollte meiner Meinung nach zwischen fünf und zehn Einzelpositionen haben. Die jeweilige Gewichtung der Positionen sollte dabei dem Risikograd angepasst werden. So haben im Musterdepot meines Börsenbriefes weniger risikoreiche Aktien eine Gewichtung von 15 bis 20 Prozent, während hochspekulative Titel nur mit fünf Prozent gewichtet werden. Im Durchschnitt befinden sich somit zumeist sieben bis zehn Einzelpositionen im Depot.

Privatanleger sind also im Vergleich mit den Profis unabhängiger und freier in ihren Entscheidungen. Sie müssen sich darüber hinaus mit keinem Vergleichsindex herumschlagen und können sich auf eine geringere Anzahl von Einzelwerten konzentrieren. Und sie streben – spätestens nach der Lektüre dieses Buches – eine Rendite von mindestens 100 Prozent pro Einzelwert an. Aber haben die Experten nicht die viel besseren Informationsmöglichkeiten? Während sie auf die teuersten Analysetools und Heerscharen von Analysten zurückgreifen können, hat der Privatanleger lediglich einen Internetzugang, vielleicht das eine oder andere Börsenmagazin, und er kann noch gelegentlich am Sonntag die Schwiegermutter nach heißen Aktientipps fragen.

Nicht zu vergessen ist der zeitliche Vorteil der Profis. Sie können sich den ganzen Tag mit Aktien und deren Analyse beschäftigen, während Privatanleger in der Regel noch einem normalen, „ehrlichen" Beruf nachgehen. An dieser Stelle möchte ich anmerken: Seien Sie froh, wenn Sie eine Tätigkeit ausüben, die nichts mit der Börse zu tun hat. So toll es in Boomzeiten auch ist, wenn die eigenen Investments an Wert zulegen und es gleichzeitig im Job gut läuft, weil das Interesse an Aktien wächst und immer mehr Leute Börsenmagazine und Börsenbriefe bestellen: In schlechten Börsenphasen verkehren sich diese paradiesischen Verhältnisse blitzschnell ins Gegenteil. Sie können sich kaum vorstellen, wie eilig Börsendienste gekündigt werden, wenn es an der Börse nicht mehr so gut läuft oder wenn gar wie während der Finanzkrise die Aktienkurse komplett einbrechen.

ZEIT IST KEIN GELD

Aber zurück zum Zeitvorteil der Profis. Zweifellos ist es gut, mehr Zeit zu haben, um sich um seine Investments zu kümmern. Das gilt jedoch vor allem für Anleger, die in einem sehr kurzfristigen Zeithorizont agieren. Ein Bekannter von mir verbringt jeden Tag circa zehn bis zwölf Stunden vor seinen insgesamt neun Monitoren und handelt alles, was er in die Finger bekommt. Allerdings hält er selten eine Position länger als ein paar Tage. Bei längerfristig ausgelegten Aktieninvestments reicht es vollkommen aus, sich täglich ungefähr eine Stunde um seine Papiere zu kümmern. Viel mehr ist wirklich nicht nötig, schließlich soll der Handel mit Aktien auch Spaß machen und nicht etwa in Arbeit ausarten. Insofern sollte jeder Anleger so viel Zeit investieren, wie es ihm sein Job und sein Privatleben erlaubt. Der Anlageerfolg ist nicht abhängig von der investierten Zeit, das belegen schließlich schon die eingangs dieses Kapitels erwähnten Ergebnisse von Fondsmanagern. Und auch mein Bekannter mit den neun Monitoren hat schon des Öfteren kräftig danebengelegen. Da hilft es auch nichts, dass er manchmal nachts um vier aufsteht, um noch einige Stunden den japanischen Nikkei-Index zu handeln.

Insbesondere dem Internet ist es zu verdanken, dass der einstige Informationsvorsprung der Profis nahezu komplett zusammengeschmolzen ist. Ich kann mich noch gut daran erinnern, dass während meiner Anfangszeit an der Börse Ende der 80er-Jahre der Kursteil der Tageszeitung meine einzige Informationsquelle für Aktienkurse war. Kauf- und Verkaufsaufträge wurden bis spät in die 90er-Jahre telefonisch aufgegeben. Heute hat – hoffentlich – jeder Anleger einen Onlinebroker, bei dem er binnen weniger Sekunden seine Order platzieren kann, sei es vom heimischen PC aus, vom Rechner im Büro oder vom Smartphone. Und das fortlaufend expandierende Internet hat dafür gesorgt, dass fast jegliche Information für alle Anleger in Sekundenschnelle zugänglich ist.

GEGEN DEN STROM

Die heutige Informationsflut ist mittlerweile kaum noch zu bewältigen. Insofern geht es weniger um die Information selbst als vielmehr um deren Selektion und vor allem um die Interpretation. Nur wer in der Lage ist, sich auf das Wesentliche zu fokussieren und sich vor allem traut, gegen die herrschende Meinung zu agieren, wird langfristig erfolgreich sein. Genau dieser Meinung ist interessanterweise auch John Paulson. Eigentlich kann sich Paulson eine ganze Etage von Anlageprofis leisten, aber er zieht es vor, seine eigenen Entscheidungen zu treffen und aus ihnen Kapital zu schlagen. Das Ergebnis gibt ihm absolut recht: Paulson verdiente während der Finanzkrise zwischen 2007 und 2009 für seine Anleger rund 20 Milliarden Dollar. Er handelte antizyklisch, misstraute der vorherrschenden Meinung und spekulierte früh auf ein Platzen der damaligen Blase am Immobilienmarkt. Auch wenn aus heutiger Sicht viele Experten behaupten, sie hätten die Krise kommen sehen: 99 Prozent der Finanzprofis haben während der Finanzkrise Geld verbrannt – sehr viel Geld sogar.

Es kann sich also durchaus auszahlen, gegen die Mehrheit der Anleger zu spekulieren. Das ist auch nicht weiter überraschend. Wenn alle Marktteilnehmer behaupten würden, die Aktie X sei die beste der Welt und hätte ein geradezu gigantisches Kurspotenzial, dann kann man davon ausgehen, dass auch alle diese Aktie bereits gekauft haben. Und wer soll dann noch kaufen, um den Kurs nach oben zu treiben? Sich gegen die Masse zu stellen wird oft auch als Contrarian-Strategie bezeichnet. Sie wird in Zeiten des zunehmenden Informationsflusses immer wichtiger. Und sie beschert dem Privatanleger die wohl größten Vorteile im Vergleich zu den Profis.

400 DOLLAR IN DREI WOCHEN

Kommen wir nun zu den viel zitierten Analysten, deren Einschätzungen die Kurse durchaus erheblich beeinflussen können. Dies gilt insbesondere dann, wenn es zu Veränderungen kommt, also zu Hinauf- oder Herabstufungen, oder aber wenn neue Kursziele genannt werden. Ich kann mich noch gut daran erinnern, dass der damals als „Internet-Papst" bezeichnete Henry Blodget für die Aktie von Amazon.com ein Kursziel von 400 Dollar ausgab. Die Aktie notierte zu diesem Zeitpunkt bei 242 Dollar. Sie stieg direkt im Anschluss an diese Empfehlung auf 289 Dollar und es dauerte gerade einmal drei Wochen, bis Blodgets Kursziel erreicht wurde. Seit dieser Zeit hat Amazon.com zwei Aktiensplits durchgeführt, sodass der damalige Kurs von 400 Dollar heute 66,66 Dollar entspricht.

Die wirklich entscheidende Frage ist jedoch: Wer und was beeinflusst eigentlich die Analysten? Stellen Sie sich vor, Sie sind ein Analyst und ihr Spezialgebiet sind Solar-Aktien. Sie erstellen gerade eine neue Analyse zu Solarworld und wissen, dass 90 Prozent ihrer Kollegen ein Buy-Rating für

Solarworld ausgegeben haben. Auch wenn Sie vielleicht noch so skeptisch sind, was die Perspektiven des Unternehmens angeht, Sie würden sich kaum trauen, gegen den Strom zu schwimmen und eine Verkaufsempfehlung herauszugeben. Das Risiko ist einfach zu hoch. Denn wenn Sie sich irren und die Aktie weiter steigt, müssen Sie sich für Ihre abweichende Meinung vor Ihren Kunden und Ihrem Chef rechtfertigen. Und wenn Sie mehrfach danebenliegen, werden Sie sich einen neuen Job suchen müssen. Wenn Sie hingegen zusammen mit der Masse falschliegen, sind Sie so gut wie unangreifbar. Insofern sind Analystenmeinungen immer mit Vorsicht zu genießen und sollten eher zur Entwicklung einer Contrarian-Strategie verwendet werden. Sprich, wenn die Mehrheit der Analysten einer Meinung ist, dann sollte sich bei Ihnen zumindest ein Hauch von Skepsis einstellen. Und die Zeiten, in denen die wildesten Kursziele innerhalb weniger Wochen erreicht wurden, sind auch lange vorbei.

KAPITEL NEUN | MIT DEN BESTEN EMPFEHLUNGEN

KAPITEL NEUN | MIT DEN BESTEN EMPFEHLUNGEN

Wenn etwas gut funktioniert hat, dann war man gerne ganz allein dafür verantwortlich. Und wenn etwas total in die Hose gegangen ist, wird die Schuld in erster Linie bei anderen gesucht. Was man aus dem Berufsalltag oder auch dem Familienleben kennt, ist an der Börse nicht anders. Ich würde sogar sagen, dass diese Einstellung dort in noch deutlich ausgeprägterer Form anzutreffen ist. Die gut laufenden Aktien hat man als Anleger dank eigener Recherchen entdeckt, während man bei den Flops den Empfehlungen irgendwelcher Börsenpublikationen gefolgt ist, die ohnehin allesamt ihr Geld nicht wert sind.

Seit nunmehr 15 Jahren arbeite ich als Wirtschaftsjournalist und versuche den Lesern Tipps und Empfehlungen zu geben, wie und vor allem mit welchen Aktien sie ihr Geld vermehren können. Sicherlich gab es in all den Jahren totale Flops, aber auch viele Empfehlungen, die sich im Kurs vervielfacht haben. Nehmen wir einmal an, das Verhältnis von guten zu schlechten Aktientipps lag bei 50 zu 50, wobei ich natürlich hoffe, dass es doch etwas besser war. Und nun raten Sie, wie sich die Relation von positiven zu negativen Leserzuschriften darstellt. Ohne es genau beziffern zu können, würde ich schätzen, dass rund 80 Prozent der Anschreiben einen eher negativen Grundton hatten, um es vorsichtig auszudrücken. Manchmal ärgere ich mich fast darüber, dass ich die vielen Briefe und E-Mails nicht alle aufgehoben habe, denn es waren wirklich skurrile und ausgesprochen witzige darunter. Wahrscheinlich könnte man ein ganzes Buch damit füllen. Erst vor Kurzem erhielt ich eine E-Mail, in der sich ein Leser über den Kursverlust einer von mir empfohlenen Solar-Aktie beklagte und riet, ich solle doch lieber Zahnpasta und Waschmittel verkaufen statt Aktientipps zu geben. Ein anderer wiederum verlangte, dass ich ihm den entgangenen Gewinn einer Aktienempfehlung auf sein Konto überweise, weil er anscheinend ein Update meines Börsenbriefes nicht rechtzeitig erhalten hatte.

ZEHN EURO FÜR EINEN GUTEN TIPP

Natürlich kann ich den Unmut von enttäuschten Anlegern nachvollziehen. Schließlich können sie von anerkannten Börsenpublikationen und erfahrenen Aktienprofis gute Empfehlungen verlangen, aber es muss auch klar sein, dass selbstverständlich nicht jede Empfehlung aufgehen kann. Eigentlich ist der Begriff „Empfehlung" unzutreffend. Weitaus passender wäre „Anlagevorschlag" oder einfach nur „Idee". Letztlich sind Aktienmagazine wie *Der Aktionär* oder auch Börsenbriefe wie der „maydornreport" vor allem eines: Ideengeber. Wir unterbreiten unseren Lesern ausschließlich Ideen und Vorschläge, wie sie ihr Geld vermehren können. Die Leser können sich dann diejenigen heraussuchen, die ihnen zusagen. Die Entscheidung, tatsächlich Geld in das vorgeschlagene Investment zu stecken, trifft letztendlich allein der Leser. Insofern trägt er alle Risiken, streicht aber auf der anderen Seite auch ganz alleine den kompletten Gewinn ein. Er muss keine Provision an den Tippgeber abtreten, sondern muss sich lediglich das Magazin kaufen oder den Börsenbrief abonnieren. Allerdings kann ich mich daran erinnern, dass ein Kollege von mir einmal von einem älteren Herren einen Umschlag mit einem 10-Euro-Schein als Provision für einen guten Aktientipp zugeschickt bekommen hat. Mein Kollege hat das Geld selbstverständlich umgehend wieder zurückgeschickt – und das nicht etwa deswegen, weil es zu wenig war.

STATT SICHERHEIT TOTALVERLUST

An der Börse ist es wie im „normalen Leben": Man kann sich Ratschläge und Tipps geben lassen, aber am Ende ist man für sein Handeln selbst verantwortlich. Wo bekommt man nun die besten Tipps? Bei der Bank oder seinem Broker schon längst nicht mehr. Die Banken haben sich mittlerweile komplett aus dem Geschäft mit Einzelaktien zurückgezogen. Sie verkaufen nur noch strukturierte Produkte, bei denen die Gewinnmargen für sie besonders hoch sind und bei denen möglichst wenig schiefgehen kann: Nur kein Risiko eingehen. Dass genau das kräftig danebengehen kann, hat spätestens die Lehman-Pleite eindrucksvoll aufgezeigt, bei der Tausende von Anlegern mit vermeintlich sicheren Zertifikaten ihre Ersparnisse verloren haben. Statt mit hochkomplexen Produkten Renditen von bis zu 20 Prozent im Jahr einzufahren, wurden rund zwei Milliarden Euro vernichtet.

Und wahrscheinlich haben weder die Anleger noch die Bankberater überhaupt gewusst, was sie da eigentlich verkaufen, geschweige denn, welche Risiken sich in den Papieren verbergen.

Wer gedacht hat, der Lehman-Zertifikate-GAU würde den Leuten die Lust an den Zertifikaten nehmen, sieht sich getäuscht. Unbeirrt legen Banken immer komplexere Produkte auf. Anfang des Jahres 2011 gab es über 500.000 (!) verschiedene Zertifikate, so viele wie noch nie. In ihnen steckten über 100 Milliarden Euro. Die Vertriebsmaschinerie läuft auf Hochtouren, als hätte es nie eine Krise gegeben. Der große Renner dabei sind – wen wundert's – Zertifikate mit Kapitalschutz, auch Garantiezertifikate genannt. Eine prima Sache, der Anleger erhält am Laufzeitende mindestens das eingesetzte Kapital zurück – zumindest dann, wenn es die emittierende Bank zu dem Zeitpunkt noch gibt. Gegen eine Bankenpleite sind auch die Kapitalschutzzertifikate nämlich nicht gesichert. Innerhalb der Laufzeit kann es aber sehr wohl zu größeren Kursausschlägen kommen.

GARANTIERT WENIGER PERFORMANCE

Das ist aber nicht der einzige Haken, denn den Kapitalschutz gibt es natürlich nicht umsonst. Die Absicherung kostet Geld beziehungsweise Rendite. Der Großteil des in Garantiezertifikaten angelegten Geldes wird in Anleihen investiert, deren Zinsen mögliche Verluste während der Laufzeit ausgleichen. Nur ein kleiner Teil des Geldes wird dann in Optionen auf den entsprechenden Basiswert (Indizes, Aktien, Rohstoffe et cetera) angelegt. Die Wertentwicklung der Produkte ist in der Regel schlechter, als wenn man den Basiswert direkt kaufen würde. Zusätzlich schmälern die Managementgebühren die Rendite. Bei 75 Prozent der angebotenen Produkte gibt es einen sogenannten Cap, der den Gewinn begrenzt. So viel zum Thema „Gewinne laufen lassen". Bei vielen weiteren Produkten wird der Anleger nur zu einem gewissen Prozentsatz an den aufgelaufenen Gewinnen beteiligt. Kurzum, die Absicherung kostet jede Menge Performance.

Sehr gut gefiel mir eine Definition, die ich auf der Internetseite der Deutschen Börse gefunden habe. Dort heißt es: „Der Kauf eines Kapitalschutz-

Zertifikates bietet sich an, wenn Sie sich hinsichtlich der weiteren Entwicklung am Aktienmarkt unsicher sind." Na, das ist ja mal eine informative Aussage. Und wer ist sich bitteschön sicher? Sind Aktien nicht per Definition Risikopapiere? Sicher ist eigentlich nur eines: Dass die Banken und Emittenten der vermeintlich sicheren Zertifikate mit der Angst der Anleger ordentlich Geld verdienen.

Ich gestehe, ich bin kein Freund von Zertifikaten und strukturierten Produkten. Das größte Problem ist, dass die Emittenten nicht die Produkte auf den Markt bringen, die für den Kunden am besten sind, sondern diejenigen, die sich gerade am besten verkaufen lassen und mit denen sie selbst am meisten verdienen. Das ist kein Vorwurf, sondern eine Feststellung. Denn das würden Sie und ich wahrscheinlich nicht anders machen.

DER 20.000-EURO-FERRARI

Vielleicht ist es sogar gut, dass sich die Banken aus der Beratung bei direkten Aktieninvestments zurückgezogen haben. Ich kann mich jedenfalls nicht erinnern, jemals von einer Bank einen wirklich guten Aktientipp bekommen zu haben. Im Gegenteil, als ich, wie es früher üblich war, meine Aktienkäufe noch telefonisch an meinen Bankberater weitergeben musste, erhielt ich fortlaufend Warnungen und Risikobelehrungen: „Eine Internetfirma, die noch keine Gewinne erzielt – viel zu riskant" oder „Die Aktie ist doch schon um 50 Prozent gestiegen, die würde ich nicht mehr kaufen". Aber ich möchte mich jetzt nicht zu sehr ereifern und eine allumfassende Bankenschelte anstimmen. Ich hatte auch clevere Berater, dazu später mehr.

Jetzt noch zu einem Thema, das eigentlich gar keines sein dürfte. Stellen Sie sich vor, Sie bekommen eine E-Mail, in der Ihnen ein nagelneuer Ferrari zum Schnäppchenpreis von 20.000 Euro angeboten wird. Und es kommt noch besser: Der Spritverbrauch liegt bei gerade einmal sechs Litern auf 100 Kilometer. Und der Wagen ist natürlich steuer- und versicherungsbefreit. Sie müssen eigentlich nur noch selber fahren.

Wie, Sie glauben das nicht? Was Sie wirklich nicht glauben, ist, was die Leute alles glauben, wenn es um heiße Aktienempfehlungen geht. Aussagen wie

„Diese Aktie steigt sicher", „Garantierte Gewinne", „Massive Kursexplosion steht bevor" sollten mindestens ebenso viel Skepsis hervorrufen. Weit gefehlt: Tausende Anleger lassen sich noch immer in die wildesten Aktien locken. Nach wie vor werden E-Mail-Adressen und Faxgeräte mit den heißesten Versprechungen zugemüllt.
Und jeden Tag findet sich mindestens ein neuer Dummer, der den Betrügern sein sauer verdientes Geld in den Rachen wirft.

KÜHLSCHRANK ODER HOCHDRUCKREINIGER?

Warum eigentlich Geld für Börsenbriefe oder Aktienmagazine ausgeben, wenn es die besten Tipps gratis gibt? Die Antwort sollte klar sein: Weil an diesen Tipps fast immer nur die Initiatoren verdienen, und das nicht zu knapp. Immer wieder investieren Hunderte oder manchmal gar Tausend Anleger in die dubiosesten Geschäftsmodelle, wenn nur die Versprechungen möglichst gigantisch sind. Hier trifft die Aussage „Gier frisst Hirn" in vollem Umfang zu. Es ist fast schon beängstigend: Da fahren einige Menschen tagelang umher und recherchieren Stunden im Internet, um beim Kauf eines neuen Kühlschranks letztendlich 50 Euro zu sparen, um dann kurze Zeit später innerhalb weniger Minuten ein paar Tausend Euro in die Aktie eines indonesischen Anbieters von Hochdruckreinigern für Gartenzwerge zu investieren, weil sie „garantiert" um 200 Prozent steigen wird (aber vielleicht bekommt man mit den Geräten ja auch den 20.000-Euro-Ferrari blitzsauber).
Dabei gibt es mittlerweile dank des Internets die Möglichkeit, betrügerische Absichten innerhalb weniger Minuten zu entlarven. Eigentlich ist es ganz einfach: Wer unaufgefordert Aktientipps bekommt, sollte diese schleunigst dorthin entsorgen, wo sie hingehören: in den Papierkorb. Auch regelmäßig erscheinende Börsenbriefe, die kostenlos sind, sollten zumindest kritisch hinterfragt werden. Womit verdient ein kostenloser Börsendienst eigentlich sein Geld? Und warum bekommt man etwas, was man gar nicht bestellt hat? Und wieso kaufen die Absender ihre todsicheren Aktientipps nicht einfach selber und werden reich? Fragen über Fragen.

KAPITEL | MIT DEN BESTEN
NEUN | EMPFEHLUNGEN

Betrüger gibt es überall, aber in kaum einer anderen Branche haben es die schwarzen Schafe so leicht wie im Finanzgeschäft. Seien Sie also auf der Hut, glauben Sie nicht alles, was Sie lesen, und beziehen Sie ihre Aktientipps nur aus seriösen Publikationen. Doch auch dabei gilt: Ein wenig eigene Recherche schadet nicht.

KAPITEL ZEHN | SO HEBELN SIE SICH ARM

KAPITEL ZEHN | SO HEBELN SIE SICH ARM

So schwer ist es doch gar nicht, Renditen von 100 Prozent oder mehr zu erzielen. Alles, was man braucht, ist der richtige Hebel. Bei einem Hebel von 100 reicht bereits ein mickriges Prozent und schon habe ich meinen Kapitaleinsatz verdoppelt. Und ein Prozent kann man locker im DAX verdienen, manchmal sogar innerhalb weniger Stunden, nicht wahr?

Mittlerweile locken diverse Anbieter mit derartig hohen Hebeln, dass einem wirklich schwindelig wird, sei es per Zertifikat, Optionsschein oder über ein CFD-Konto (Certificate for Difference). Aber es muss ja auch nicht unbedingt gleich ein Hebel von 100 sein. Wenn man statt einer Aktie der Deutschen Bank einen Call-Optionsschein mit einem Hebel von 5 kauft, dann reichen schon 20 Prozent plus bei der Aktie und hat man sein Geld verdoppelt.

Warum überhaupt noch Aktien kaufen, mit Hebelprodukten kommt man doch viel schneller zum Ziel? Meine Antwort auf diese Frage lautet: Ja, aber nur, wenn Sie zu dem auserwählten Kreis der Anleger gehören, die für Hebelprodukte geboren wurden.

Allerdings ist dies ein sehr erlesener und vor allem kleiner Kreis, zu dem nur rund zehn Prozent der Anleger gehören. Ich gehöre definitiv nicht dazu, aber dazu später mehr. Maximal einer von zehn Anlegern verdient mit gehebelten Produkten langfristig Geld. Wahrscheinlich ist der tatsächliche Anteil der Hebel-Gewinner sogar noch deutlich kleiner.

Um es noch einmal klarzustellen: Ich will nicht sagen, dass es nicht möglich ist mit dem einen oder anderen gehebelten Geschäft Geld zu verdienen, vielleicht sogar viel Geld. Auch über einige Wochen oder Monate sind Profite möglich, aber über einen längeren Zeitraum von mehreren Jahren mit Hebelprodukten positive Renditen einzufahren, gelingt nur sehr wenigen Anlegern.

Diese müssen über eine ganz besonderen Fähigkeit verfügen – die allerdings nur wenige Menschen tatsächlich besitzen. Sie ahnen möglicherweise bereits, um welche Eigenschaft es geht, vor allem dann, wenn Sie schon eigene Erfahrungen in der Welt der Hebel gemacht haben. Wenn nicht, dann denken Sie einfach ein paar Sekunden darüber nach. Ich gebe Ihnen noch ein bisschen Zeit.

KAPITEL ZEHN | SO HEBELN SIE SICH ARM

BIG IN JAPAN

Natürlich habe ich mich in meinen mittlerweile über 20 Jahren, in denen ich aktiv handele, auch schon mit Hebelprodukten befasst. Vielleicht sollte ich sogar sagen, dass ich zeitweise von ihnen geradezu infiziert war. Bereits Ende der 80er-Jahre entdeckte ich japanische Optionsscheine für mich. Die Namen waren kaum auszusprechen, was die Firmen so genau machten, wusste ich nicht, aber ich wusste, dass mein Optionsschein um 20 Prozent steigt, wenn die Aktie nur um ein einziges Prozent zulegt. Ein Hebel von 20, für damalige Verhältnisse war das extrem. Denn der Zertifikate-Markt steckte noch in den Kinderschuhen und CFDs gab es zu der Zeit nicht. Gehandelt wurde damals mit Optionsscheinen, die ursprünglich Teil einer Anleihe waren. Ich war damals jung und ziemlich unerfahren, wollte aber einfach mal wissen, wie lange es dauert, bis man sein Kapital vervielfacht hat. Es lief zunächst ganz gut, die ersten 50 Prozent waren schnell verdient. Dann ging es auf einmal erstaunlich schnell – aber leider in die falsche Richtung. Zwei „Beinahe-Totalverluste" binnen kurzer Zeit reduzierten mein Kapital auf ein Niveau, das gerade noch für ein einfaches Abendessen für zwei Personen langte. Kein Wunder, der japanische Nikkei-Index erreichte Ende 1989 sein historisches Hoch von 40.000 Punkten und halbierte sich innerhalb der nächsten zwölf Monate. Bei 50 Prozent minus führt bereits ein Hebel von 2 zum Totalverlust.

Natürlich kann man nun argumentieren, dass mir damals einfach die Erfahrung gefehlt hat, was zweifellos stimmt. Aber wenn ich ehrlich bin, ist es – immer wieder unterbrochen von zwischenzeitlichen Erfolgen – bis zu meinem letzten gehebelten Engagement vor wenigen Jahren nicht besser geworden. Immerhin hat mich jedoch mein Verlangen nach dem Kick durch den Hebel zu meinem heutigen Job gebracht. Als ich Anfang der 90er-Jahre mit dem Handel deutscher Optionsscheine begann – die japanischen waren mittlerweile alle wertlos ausgelaufen –, ärgerte ich mich über die hohen Aufgelder und die Laufzeitbegrenzung. Dann las ich das Buch „Magier der Märkte", das ich jedem nur wärmstens empfehlen kann. In diesem Buch werden berühmte Trader interviewt, die ihre Erfolgsgeheimnisse offenlegen.

KAPITEL ZEHN | SO HEBELN SIE SICH ARM

Einige von ihnen handelten Futures, also Derivate auf Indizes, Währungen oder Rohstoffe – und das mit einem ordentlichen Hebel. Warum also die teuren Scheine kaufen, wenn man doch gleich in die Welt der Futures abtauchen kann? Und zufälligerweise lag diesem Buch eine Postkarte bei, mit der man die Kontoeröffnungsunterlagen eines Brokerhauses bestellen konnte. Der Broker war eine Tochter des Buchverlages. Also muss der Laden ja auch seriös sein, dachte ich mir. War er letztlich auch, aber was ich damals nicht wusste, war, dass das Brokerhaus damals um einiges größer war als der Buchverlag.

PLUS 44 PROZENT IN ZWEI TAGEN

Noch heute erzählt mir der damalige Chef des Brokerhauses, der übrigens mittlerweile ein guter Freund von mir ist, dass er noch nie so schnell ein neues Konto aufgemacht hat wie meines. Aber ich wollte unbedingt in die große Welt des Future-Handels einsteigen und bei den ganz Großen mitspielen. Parallel zur Kontoeröffnung bestellte ich mir eine Realtime-Kursversorgung, die damals noch über Videotext lief. Für die jüngeren Leser: 1991 gab es noch kein Internet. Innerhalb von zwei Wochen hatte ich zwei 386er-PCs, eine Datenverbindung per Videotext und ein Brokerkonto mit 50.000 DM. Es konnte also losgehen. Ein Punkt im DAX hatte damals den Gegenwert von 100 DM. Als Sicherheitsleistung waren pro Kontrakt rund 15.000 DM zu hinterlegen. Der DAX notierte zu der Zeit bei etwa 1.600 Punkten, das heißt, wenn der DAX um ein Prozent stieg, also um 16 Punkte, verdiente ich pro Kontrakt 1.600 DM (16 mal 100 DM). Bezogen auf meinen Kapitaleinsatz entsprach das gut zehn Prozent, also einem Hebel von 10. Und das alles ohne Aufgeld, perfekt!
Im August 1991 war ich bereit, bei den ganz Großen mitzuspielen. Einen besseren Zeitpunkt hätte ich mir kaum aussuchen können. Ein Putsch der Kommunisten in Russland löste weltweit einen drastischen Kurssturz aus. Der DAX fiel am 19. August 1991 um 156 Punkte auf 1.497 Punkte – um fast zehn Prozent. Einen Tag danach kaufte ich zwei DAX-Futures bei 1520 Punkten. Mittlerweile hatte das Militär den Putschisten die Unterstützung

verweigert und der damalige Präsident Boris Jelzin rief, auf einem Panzer stehend, das Volk zum Widerstand auf. Der DAX stieg im Minutentakt und beendete den Handelstag bei 1.570 Punkten. Wow, ich hatte also innerhalb weniger Stunden 50 Punkte mal 100 DM mal zwei Kontrakte, also 10.000 DM verdient. Aber es kam noch besser. Am folgenden Tag eröffnete der Tag mit einem Gap, also einer Kurslücke, direkt bei 1.620 Punkten, um dann bei 1.630 Punkten zu schließen. Ich verkaufte meine Position und realisierte einen Gewinn von 110 Punkten, was bei zwei Kontrakten exakt 22.000 DM entsprach. Bezogen auf mein Startkapital von 50.000 DM hatte ich also exakt 44 Prozent verdient – und das in zwei Tagen.

Ich verrate jetzt nicht, wie lange ich gebraucht habe, um diesen Gewinn wieder zu verzocken, und ich schweige mich auch darüber aus, wann das eingesetzte Kapital von 50.000 DM aufgezehrt war. Nur so viel, es war eine Sache von wenigen Monaten. Aber um die Geschichte abzuschließen, ich habe damals meinen zukünftigen Chef Bernd Förtsch kennengelernt und dann einige Jahre später (im November 1996) mit ihm zusammen das Anlegermagazin *Der Aktionär* auf den Markt gebracht. Und ich weiß es noch, das damalige Musterdepot wurde mit der Maßgabe aufgelegt: Keine Optionsscheine und keine Hebelprodukte. Warum auch, in den folgenden Jahren ließ sich mit „normalen" Aktien genug Geld verdienen. 1996 sollte die größte Aktien-Hausse des Jahrhunderts beginnen.

SATTE GEWINNE MIT DER LINKEN SOCKE

Aber zurück zu den Hebelprodukten. Vielleicht kann man mit Optionsscheinen oder Zertifikaten doch Geld verdienen, wenn man sie sehr selektiv einsetzt und auf „echte Chancen" wartet. Eine solche Gelegenheit bot sich etwa im Jahr 1999. Damals war die neu gewählte rotgrüne Regierung noch nicht lange im Amt und der Finanzminister hieß Oskar Lafontaine. Die Börsianer waren alles andere als begeistert. Aber der linke Oskar überwarf sich schon nach kurzer Zeit mit Bundeskanzler Schröder. Am 11. März 1999 gegen 17:30 Uhr hörte ich auf n-tv, dass Lafontaine überraschend seinen Rücktritt erklärt hatte. Mein erster Gedanke war: Ein Glück, ist die linke

KAPITEL ZEHN | SO HEBELN SIE SICH ARM

Socke endlich weg. Der zweite war, was würde es jetzt wohl für eine Kursexplosion geben, wären die Börsen noch geöffnet? Der dritte Gedanke: Außerbörslich Optionsscheine kaufen, aber schnell! Gar nicht so einfach ohne Onlinebanking. Also rief ich so schnell ich konnte meinen Bankberater an, der glücklicherweise des Öfteren auch nach 17 Uhr noch am Schreibtisch saß, und ich war froh, als ich ihn tatsächlich erreichte. Innerhalb kürzester Zeit hatten wir einen passenden Dax-Optionsschein herausgesucht und er begann außerbörslich über seine zweite Telefonleitung einen Händler an den Apparat zu bekommen.

Die Kurse stiegen beinahe im Sekundentakt. Während ich die erste Tranche zum Kurs von 1,30 Euro bekam, kostete die nächste kurze Zeit später schon 1,33 Euro. Als ich genügend Stücke gesammelt hatte und gerade auflegen wollte, platzte mein Kollege zur Tür herein und rief völlig aufgeregt: „Lafontaine ist weg, der DAX schießt nach oben." Ich erwiderte nur kurz: „Ich kaufe gerade Scheine, willst Du auch welche?" Er nickte und ich kaufte einfach noch einen Schwung, diesmal schon für 1,38 Euro. Dann kam noch ein Kollege herein und auch für ihn orderte ich mit.

Schließlich hatte ich für mich und für insgesamt vier Kollegen säckeweise Optionsscheine gekauft und wir verfolgten die nachbörslichen Notierungen. Der DAX schnellte um weit über 100 Punkte nach oben, der Optionsschein stieg auf über 2,00 Euro. Am nächsten Morgen startete der deutsche Leitindex mit einem Plus von 273 Punkten, was damals über fünf Prozent entsprach. Die Optionsscheine verkaufte ich zwischen 3,20 und 3,30 Euro. Ich kann mich nicht mehr genau daran erinnern, wie viel wir unter dem Strich verdient hatten. Es muss aber eine ganze Menge gewesen sein, denn als ich wenige Tage später meinen Kollegen ihre erzielten Gewinne in Umschlägen überreichte, waren diese prall gefüllt.

Also auf den nächsten Rücktritt eines unpopulären Finanzministers warten? Eher nicht, und selbst wenn es heute eine vergleichbare Situation gäbe, würde das Spielchen von damals nicht mehr funktionieren. Dank der totalen Vernetzung würden die Märkte heute in Sekundenschnelle reagieren. Während der normale Anleger die Nachricht noch nicht einmal zu Ende gelesen hat, ist der DAX bereits 100 oder mehr Punkte in die Höhe geschnellt.

MADMAN, DER EINZIGE GEWINNER

Doch schon damals war es alles andere als einfach, mit Hebeln Geld zu verdienen. Nachdem ich einige Zeit Kunde bei dem vorhin erwähnten Brokerhaus war, begann ich dort während meines Studiums zu arbeiten. Neben meinen persönlichen Erfahrungen mit Futures und Optionen bestand ich auch erfolgreich meine Brokerprüfung. Ich wusste nun also genau, was ein Bushel Weizen ist und wie viel Margin für einen DAX-Future hinterlegt werden musste.

Unsere Kunden handelten vor allem mit dem DAX-Future. Aber sie zockten auch mit Anleihen, Silber, Gold, Öl, Kaffee, Weizen oder auch Schweinebäuchen – das ganze Angebot, alles mit Hebel. Obwohl wir uns größte Mühe gaben, unsere Kunden vor den gröbsten Fehlern zu bewahren und sie zum Platzieren von Stoppkursen fast schon zwangen, dauerte es zumeist nur ein paar Monate, bis sie ihre leergezockten Konten wieder auffüllen mussten. Wir hatten damals weit über 200 aktive Kunden. Raten Sie mal, wie viele von ihnen Geld verdient haben. Weniger als zehn, sogar weniger als fünf. Um ehrlich zu sein, hat es gerade einmal ein Kunde geschafft, über einen längeren Zeitraum etwas Geld zu verdienen. Dafür hat er uns aber auch mit gefühlten 280 Anrufen am Tag zum Anpassen von Stoppkursen und Limits fast in den Wahnsinn getrieben. Intern hieß er bei uns folgerichtig nur „Madman".

Aber was hatte Madman den anderen Kunden voraus, abgesehen davon, dass er nervig, penetrant und dazu noch unfreundlich war? Ganz einfach: Er war konsequent und in höchstem Maße diszipliniert. Er hat teilweise Positionen nach wenigen Minuten mit Verlust wieder glattgestellt. Es gab keine Position ohne Stoppkurs. An Tagen, an denen es gar nicht lief, hat er den Handel komplett eingestellt.

Andere versuchen gerade dann mit „Gewalt" ihre Verluste wieder hereinzuholen. Da ich auch schon einige Male zu diesen „anderen" gehörte, weiß ich, wie gut das funktioniert. Bei Aktien können Sie schlechte Phasen durchaus mal aussitzen oder Ihre Position erhöhen, bei Hebelprodukten ist beides in der Regel tödlich.

KAPITEL ZEHN | SO HEBELN SIE SICH ARM

TRADER LIEBEN KEIN RISIKO

Landläufig denkt man immer, dass kurzfristige Trader echte Zocker sein müssen, die das Risiko lieben. In Wahrheit sind es eher Menschen, die nichts mehr scheuen als das Risiko und von ihrer Mentalität eher an Beamte erinnern. Wie auch immer, für mich und die meisten anderen Menschen auf diesem Planeten sind Hebelprodukte oder auch Daytrading nur ein idealer Weg, um in kurzer Zeit viel Geld zu verlieren. Wer meint, dass er zu den wenigen „Madmännern" gehört, die vor Disziplin fast platzen, der sollte es einfach versuchen und eine Zeit lang mit ein wenig Kapital nur Hebelprodukte oder CFDs handeln, von mir aus auch DAX-Futures oder Forex (Devisen). Wer es schafft, nach einem Jahr mehr auf dem Konto zu haben als am Anfang, der kann stolz auf sich sein – und weitermachen. Und wem es gelingt, mit Hebelprodukten wirklich reich zu werden, soll sich bitte bei mir melden, denn ich habe in meinen über 20 Jahren an der Börse noch niemanden getroffen, dem das gelungen ist. Hingegen kenne ich zahlreiche Anleger, die mit Aktien dauerhaft erfolgreich und letztlich auch reich geworden sind.

Und mal ehrlich, woher wollen Sie oder ich oder irgendjemand sonst wissen, in welche Richtung sich der DAX, der Euro oder das Öl in den nächsten Stunden entwickelt, geschweige denn in den nächsten Minuten? Das muss man auch nicht, dafür gibt es schließlich Handelssysteme, die anhand technischer Indikatoren klare Kauf- und Verkaufssignale liefern. Ein bunter Mix aus Indikatoren wie dem MACD, den Bollinger Bands und Fibonacci-Retracements – und dem schnellen Reichtum steht nichts mehr im Wege. Einfach nach Feierabend kurz den Rechner hochfahren, die Software starten und zwei bis drei Stunden den vollautomatischen Signalen folgen.

Schön wär's, doch leider gibt es ein solches System nicht. Und wenn, dann würde der Entwickler es wohl kaum verkaufen, sondern selber nutzen.

DER FLASH-CRASH

Und es ist auch kaum anzunehmen, dass der Hobby-Trader aus Oberwarmensteinach oder Buxtehude über bessere Systeme oder Informationen verfügt als die Expertenteams weltweit operierender Banken. Während der Privatanleger beim „normalen", längerfristig ausgelegten Aktienhandel gegenüber den Profis diverse Vorteile hat (Kapitel 8), ist er im kurzfristigen Trading klar benachteiligt. Ein gutes Beispiel ist das sogenannte Flash-Trading, das im Mai 2010 zum Flash-Crash geführt hat. Der Dow Jones stürzte damals binnen weniger Minuten um fast 1.000 Punkte ab. Auslöser waren vollautomatisierte Handelssysteme großer Banken, die mit Hochleistungsrechnern und einer besonders schnellen Kursversorgung kleinste Kursschwankungen ausnutzen und in Millisekunden Tausende von Orders gleichzeitig abwickeln können. Mittlerweile sind diese Systeme für bis zu 70 Prozent des gesamten Handelsvolumens verantwortlich. Auf Kosten normaler Anleger machten und machen Banken mit diesen Systemen Millionen. Und sie sorgten am 6. Mai 2010 dafür, dass sich Hunderte von Aktienkursen in den USA in kürzester Zeit mehr als halbierten, einige stürzten sogar nahezu auf null. Was war passiert? Eine überraschend aufgetretene Marktschwäche hatte dazu geführt, dass viele Systeme den Sekundenhandel abrupt einstellten und dem Markt die Liquidität entzogen. In einem völlig ausgetrockneten Markt sorgten dann bereits kleinere Verkaufsaufträge für den Kollaps. Der Flash-Crash hat recht deutlich aufgezeigt, welche Auswirkungen die zunehmende Automatisierung des Aktienmarktes haben kann. Und er hat vielen Privatanlegern hohe Verluste beschert, vor allem denen, die einen kurzfristigen Anlagehorizont haben. Die Kursverluste wurden nämlich noch am selben Tag fast komplett wieder aufgeholt. Natürlich gab es auch einige clevere und hochdisziplinierte Anleger, die an solchen Tagen Geld verdienen, aber die überwiegende Mehrheit zahlt drauf – und zwar kräftig. Und warum sollte man sich auch dem Stress des kurzfristigen Handels mit Hebelprodukten aussetzen, wenn man mit „normalen" Aktien weitaus bessere Ergebnisse erzielen kann und die Chance auf langfristig positive Erträge weitaus größer ist?

Ich hoffe nicht, dass die in diesem Kapitel erwähnten Beispiele Sie jetzt dazu animieren, sofort in den Future-Handel einzusteigen oder Ihr Geld in Hebelprodukte zu investieren. Noch einmal in aller Deutlichkeit: Trotz zwischenzeitlicher Erfolge war von meinem eingesetzten Geld nach einiger

Zeit regelmäßig wenig bis nichts mehr übrig. Aber wie gesagt, probieren Sie es am besten selber aus, aber nur mit „Spielgeld". Die größeren Beträge sollten Sie lieber da investieren, wo die Gewinnperspektiven nicht kleiner, die Risiken aber überschaubarer sind – in Aktien von dynamisch wachsenden Unternehmen.

KAPITEL ELF | ÜBER MICH, DEN DAX – UND KAFFEE MAL GANZ ANDERS

KAPITEL ELF | ÜBER MICH, DEN DAX – UND KAFFEE MAL GANZ ANDERS

Ich habe lange überlegt, ob ich im Rahmen dieses Buches noch ein Kapitel über mich und ein paar ganz persönliche Erfahrungen anhängen soll. Zum einen haben mich aber meine Kollegen und Freunde fast dazu gedrängt, zum anderen bin ich der Meinung, dass Sie als Leser auch ein Recht darauf haben, zu erfahren, wer das ist, der Ihnen erklären will, wie man 100 oder mehr Prozent mit Aktien verdienen kann. Während der Arbeit an diesem Buch habe ich unserem Praktikanten einige Kapitel vorab zum Lesen gegeben und war auf seine Reaktion gespannt. Seine erste Frage nach der Lektüre war, warum ich überhaupt noch arbeite, wenn das doch alles so einfach ist. Die Antwort auf diese Frage ist alles andere als einfach. Ehrlich gesagt gab es tatsächlich Zeiten, in denen ich hätte sagen können: „Ich habe genug Geld verdient und brauche nie wieder zu arbeiten." Aber zum einen macht mir meine Arbeit wirklich Spaß – und zwar so viel Spaß, dass ich sie nur selten wirklich als Arbeit empfinde –, zum anderen gab es auch ganz andere Situationen. Um es auf den Punkt zu bringen: Ich war auch schon zweimal komplett pleite. Und zwar so pleite, dass ich nicht einmal mehr wusste, wie ich meine Miete zahlen oder wovon ich tanken sollte.

Bevor ich Ihnen verrate, welcher bekannte Börsenguru ebenfalls schon zweimal alles verzockt hat und wie ich das angestellt habe, ein kurzer Überblick über meine „Börsenlaufbahn" im Schnelldurchlauf: Startschuss war das bekannte „Planspiel Börse" der Sparkassen, das jedes Jahr in den Schulen veranstaltet wurde. Mit 18 begann ich schließlich mit echtem Geld zu handeln, um dann während meines Studiums in einer fränkischen Kleinstadt namens Kulmbach nebenbei bei einem Broker zu arbeiten. In derselben fränkischen Kleinstadt wurde auch die Idee des Börsenmagazins *Der Aktionär* geboren, bei dessen Entstehung und Aufbau ich mitwirkte und jahrelang als stellvertretender Chefredakteur tätig war. Nach zwischenzeitlichen „Ausbruchsversuchen" aus der fränkischen Region bin ich mittlerweile wieder Redaktionsmitglied von *Der Aktionär* und Chefredakteur des Börsenbriefes „maydornreport". Habe ich etwas vergessen? Ja, zwischenzeitlich habe ich verschiedene Aktienfonds beraten, Börsenhotlines besprochen und zahlreiche Vorträge gehalten.

DER GROSSE KOSTOLANY

Jetzt aber zurück zum Pleite-Quiz. Vielleicht sind Sie schon darauf gekommen, welcher bekannte Börsenexperte zweimal pleite war. Es war kein Geringerer als Börsen-Altmeister André Kostolany, von dem folgendes Zitat stammt: „Nur wer mindestens zweimal in seinem Leben an der Börse pleitegegangen ist, darf sich als Spekulant bezeichnen." Auch Kostolany hat dieses Schicksal ereilt. Doch damit enden auch schon die Gemeinsamkeiten zwischen dem mit Abstand bekanntesten deutschsprachigen Börsenguru und mir. Kostolany hat insgesamt über drei Millionen Bücher verkauft, unzählige Börsenweisheiten geprägt und hatte eine Ausstrahlung und ein Charisma, das seinesgleichen sucht. Leider ist er im September 1999 verstorben – im Alter von stolzen 93 Jahren.

Ich bin außerordentlich froh, André Kostolany noch persönlich kennengelernt zu haben. Zum ersten Mal traf ich ihn im Jahr 1996. Ich besuchte ihn zusammen mit meinem damaligen Chef in seinem Münchner Büro bei der Vermögensverwaltung Fiduka. Ich war so aufgeregt, dass ich kaum ein Wort herausbrachte. Das war aber auch gar nicht nötig, denn Kostolany erzählte eine Anekdote nach der anderen. Und ich lauschte mit weit aufgerissenen Ohren – und einem ebensolchen Mund – seinen Ausführungen. Ich kann mich noch heute an seine Geschichte über russische Anleihen erinnern, die er – leider habe ich vergessen, wann – massenhaft zu Pfennigbeträgen kaufte, als sie niemand haben wollte, und damit ein Vermögen machte. Nach dem Treffen war ich wie berauscht und noch immer gefangen von der Aura und dem Scharfsinn dieses Mannes, der trotz seiner 90 Jahre eine Begeisterung wie ein kleines Kind ausstrahlte.

Wenige Wochen nach diesem ersten Treffen führte ich mit Kostolany ein Interview per Telefon für die erste Ausgabe des Börsenmagazins *Der Aktionär*. Und wieder erstarrte ich fast vor Ehrfurcht und stammelte meine Fragen alles andere als flüssig in den Hörer. Mein allererstes Interview – und dann gleich der Börsen-Großmeister. Obwohl ich mir die größte Mühe gab, seine Aussagen richtig wiederzugeben, unterlief mit dennoch ein schwerer – und auch peinlicher – Fehler. Ich hoffte, er würde das Interview nicht mehr durchlesen und ihn nicht bemerken. Aber weit gefehlt: Als wir die erste Ausgabe des *Aktionär* auf der wenig später stattfindenden Anlegermesse in Düsseldorf vorstellten, wies mich Kostolany auf den Fehler hin. Er hatte eine kleine, aber dennoch bedeutende Ungenauigkeit festgestellt. Der Fehler fiel tatsächlich ins Gewicht, weil ich durch ihn eine Börsenweisheit komplett verhunzt hatte: Bei seiner Aussage, dass an der Börse 2 plus 2 nicht 4, sondern 5 minus 1 sei, habe ich die „minus 1" unter den Tisch fallen lassen. Ich wäre fast vor Scham im Boden versunken.

„KOLANOWSKI KOMMT"

Zum Glück bekam André Kostolany weitere Peinlichkeiten auf dieser Messe, die er damals trotz seines hohen Alters noch besucht hatte, nicht mit. Er ist damals sogar extra an unseren Messestand gekommen, um Bücher zu signieren. Im Vorfeld schickten wir eine Messe-Hostess durch die Messegänge, um auf den Besuch des Börsen-Altmeisters hinzuweisen. Leider hatte die junge Dame große Probleme, sich den Namen „Kostolany" zu merken. Sie lief also freudestrahlend durch die Gänge und kündigte mit einem bezaubernden Lächeln an, dass ein gewisser Herr „Kolanski" zu unserem Stand kommen werde. Als ich sie freundlich darauf aufmerksam machte, dass der richtige Name „Kostolany" lautet, war sie sichtlich erstaunt und machte sich gleich wieder an die Arbeit. Aber nur wenig später ertappte ich sie dabei, wie sie auf Messebesucher zuging mit der Botschaft „Kolanowski kommt". Immerhin hatte sie dabei wieder ein strahlendes Lächeln aufgesetzt und letztendlich waren trotz der kleinen Kommunikationsprobleme viele Messebesucher und natürlich auch André Kostolany bei uns am Stand und er signierte mit geradezu stoischer Ruhe Hunderte seiner Bücher. Ich habe bis heute keine andere Persönlichkeit rund um die Börse mit einer auch nur annähernd beeindruckenden Ausstrahlung kennengelernt. So viel zu meiner Hommage an André Kostolany, der leider schon wenige Jahre später von uns gegangen ist.

André Kostolany war jedoch nicht der einzige, der mich damals auf meinem Weg an die Börse begeistert und inspiriert hat, aber dazu später noch mehr.

Ich beginne bei den absoluten Anfängen. Und die datieren aus dem Jahr 1987. Schon damals gab es das Planspiel Börse der deutschen Sparkassen. Ich war noch Schüler und das Ziel war damals wie heute, mit dem vorhandenen Startkapital so viel Geld wie möglich zu verdienen. Wie unser Team damals abgeschnitten hat, weiß ich nicht mehr, aber gewonnen haben wir auf jeden Fall nicht. Ich weiß nur, dass mich dieses Börsenspiel geradezu infiziert hat. Mir war schon damals klar, dass ich genau das machen möchte, wenn ich „groß" bin. Es hat nicht lange gedauert und ich war groß. Denn schon kurze Zeit später kam ich durch eine Erbschaft in den Besitz eines kleinen Vermögens und zögerte keine Minute, meine spielerischen Börsenerfahrungen in die Realität umzusetzen.

TANZ AUF DEM VULKAN

Mit gerade einmal 20 Jahren und den Erfahrungen des Sparkassen-Spiels startete ich also ins große Börsengeschäft. Natürlich verließ ich mich zunächst auf die Erfahrung von Experten, also in erster Linie auf die Empfehlungen meines Börsenberaters – damals haben Banken ihren Kunden tatsächlich noch konkrete Aktientipps gegeben. Meine erste mit echtem Geld gekaufte Aktie war übrigens Bremer Vulkan, eine stark angeschlagene Werft. Da ich damals in Oldenburg studierte, war vielleicht auch eine gewisse Portion Lokalpatriotismus dabei. Mein Bankberater fand die Aktie natürlich auch gut. Dazu war sie optisch billig, ich konnte also eine ordentliche Stückzahl kaufen. Ich weiß heute nicht mehr, wie viel Geld ich damals verloren habe, aber es war schon eine Menge. Bremer Vulkan endete letztlich in der Insolvenz.

An dieser Stelle zwei Ratschläge aus eigener Erfahrung – und zwar aus mehrfacher und zumeist teurer Erfahrung: Investieren Sie nicht in Unternehmen, denen das Wasser bis zum Hals steht. Natürlich sind diese Aktien billig – aber das eben auch nicht ohne Grund. Und warum außergewöhnliche Risiken – vielleicht sogar einen Totalverlust – in Kauf nehmen, wenn man auch Aktien von gesunden Firmen kaufen kann? Die meisten sogenannten Turnaround-Storys sind zwar eine Story, aber nur selten gelingt auch der Turnaround. Und lassen Sie sich nicht von optisch billigen Aktien locken, nur weil Sie von diesen Papieren endlich einmal ordentliche Stückzahlen kaufen können. Zumeist ist der optisch günstige Preis die Folge einer enttäuschenden Unternehmensentwicklung oder aber es sind extrem viele Aktien im Umlauf. Wichtig ist einzig und allein der Gesamtwert aller ausstehenden Aktien. Wenn es von einer 1-Euro-Aktie 100 Millionen Aktien gibt, dann ist die Firma letztlich doppelt so teuer wie ein 50-Euro-Papier, von dem es aber nur eine Million Aktien gibt. Es ist ganz logisch, aber Sie glauben nicht, wie groß der Reiz optisch günstiger Papiere selbst für erfahrene Börsianer ist. Ein kleines Beispiel: Wenn wir im Börsenmagazin *Der Aktionär* drei aussichtsreiche Aktien einer Branche vorstellen und alle Unternehmen die gleiche Marktkapitalisierung haben, aber eine Aktie 50, die andere 10 und die dritte nur 1,50 Euro kostet und sogar als besonderes risikoreich beschrieben wird, dann raten Sie mal, welche Aktie von den Lesern gekauft wird. Über 90 Prozent der Leser kaufen die Aktie für 1,50 Euro.

Bremer Vulkan brachte damals genau diese Voraussetzungen mit: Extrem riskant und dazu noch sehr billig. Doch natürlich war Bremer Vulkan nicht mein einziges Investment. Ich kann mich auch erinnern, solide und teure Aktien gehabt zu haben, wie etwa Douglas oder Siemens. Und ich weiß noch, wie ich damals von morgens bis abends die Berichterstattung von n-tv verfolgt habe – dort liefen schon damals die Kurse per Ticker im laufenden Programm durch. Moderator Friedhelm Busch erklärte damals mehrfach am Tag, warum der DAX gerade stieg oder fiel, und hat zweifellos mein Interesse am Aktienmarkt noch einmal deutlich verstärkt. Friedhelm Busch war der Mann, der die Börse mit klaren und verständlichen Worten in die deutschen Wohnzimmer brachte – unter anderem in mein Wohnzimmer. Nicht zu vergessen: Er hatte im Gegensatz zu den heute weitgehend neutralen und austauschbaren Börsenkommentatoren eine Meinung. Wie auch immer, ich wusste nur eines: Börse ist mein Ding, ich will da mitmachen – und zwar richtig.

Mittlerweile hatte ich einige Börsenbücher gelesen und kaufte mir regelmäßig das damals einzige Börsenmagazin „Börse Online" – und ich hatte einiges an Lehrgeld gezahlt. Aber ich war mir sicher, dass sich mit Aktien das große Geld verdienen lässt. Hierfür musste ich mir nur den historischen Kursverlauf von Microsoft anschauen. Von 1986 bis 1996 hatte sich die Microsoft-Aktie splitbereinigt von 0,10 auf 7,00 Dollar ver-70-facht. Aus 15.000 DM wären eine Million DM geworden, und damit nicht genug, das vorläufige Hoch erreichte Microsoft Ende 1999 bei rund 50 Dollar. Aus 15.000 DM wären also 7,5 Millionen geworden. Für mich war klar: Wenn man rechtzeitig auf die Trends der Zukunft setzt, kann man eine Menge Geld verdienen. So weit die Theorie. Tatsächlich war ich immer noch in Bremer Vulkan investiert, also in den „Zukunftsmarkt" Schiffsbau – herzlichen Glückwunsch. Bevor ich aber dazu kam, mein Geld tatsächlich in Aktien zu investieren, die in echten Wachstumsbranchen aktiv sind, versuchte ich mich in der Spekulation auf fallende Kurse. Denn eines wusste ich damals schon: Runter geht es immer schneller als rauf. Und im Frühjahr 1993 war ich der festen Überzeugung, dass der DAX viel zu stark gestiegen sei und fallen müsse.

ICH BIN SCHLAUER ALS DER DAX

Immerhin hatte sich das deutsche Leitbarometer seit dem Crash 1987 fast verdoppelt und notierte bei 1.700 Punkten. Also verkaufte ich alle meine Aktien und setzte per Optionen und Futures auf fallende Aktienkurse. Schließlich hatte ich ja mittlerweile ein Konto bei einem Brokerhaus und ein Realtime-Kurssystem über Videotext. Und der Wirtschaft ging es tatsächlich alles andere als gut. 1993 musste immerhin der stärkste Rückgang des realen Bruttosozialprodukts seit Bestehen der Bundesrepublik hingenommen werden und für 1994 wurde keine großartige Besserung erwartet. Die Weltkonjunktur war flau und Deutschland litt zusätzlich unter den hohen Kosten der Wiedervereinigung – allein 1993 gingen 150 Milliarden DM als Transferzahlungen nach Ostdeutschland. Die Auslastung der Produktionskapazitäten lag in Deutschland mit 75 bis 78 Prozent so niedrig wie seit zehn Jahren nicht mehr. Warum sollten also Unternehmen mehr investieren? Und warum sollten die Aktienkurse weiter steigen? Im Gegenteil, die Aktienkurse waren viel zu hoch, sie „mussten" korrigieren. Eine geradezu einmalige Gelegenheit, auf fallende Kurse zu spekulieren.

| KAPITEL | ÜBER MICH, DEN DAX – |
| ELF | UND KAFFEE MAL GANZ ANDERS |

| ABBILDUNG | **DAX** IN PUNKTEN |
| 11.0 | **1993** |

Also startete ich meinen „Großangriff" auf die völlig überteuerten deutschen Aktien, und das gleich auf mehreren Ebenen: Put-Optionsscheine auf den DAX, short in DAX-Futures und dazu noch der Verkauf von DAX-Calls. Diese „Strategie" wurde übrigens auch Nick Leeson zum Verhängnis, der damit 1995 die Barings Bank in den Kollaps führte. Er spekulierte allerdings nicht auf einen fallenden DAX, sondern auf einen steigenden Nikkei-Index in Japan. Sowohl das Buch „Das schnelle Geld" als auch der gleichnamige Film sind sehr lesens- beziehungsweise sehenswert. Ich habe Nick Leeson zehn Jahre später persönlich kennengelernt und frage mich noch heute, warum er jahrelang in Singapur einsitzen musste, während seine Vorgesetzten ungestraft davonkamen. Ähnlich verlief die Geschichte des Händlers Jerome Kerviel, der 2008 aufgrund fehlender Kontrollmechanismen in der Lage war, extreme Summen zu bewegen. Mit einer grandiosen Fehlspekulation bescherte er der französischen Großbank Société Générale einen Verlust von fast fünf Milliarden Euro und wurde dafür zu fünf Jahren Haft verurteilt.

Kerviel verzockte das Geld in erster Linie mit dem DAX-Future. Das ist aber auch schon die einzige Parallele zwischen ihm und mir, denn ich war nur mir selbst gegenüber verantwortlich und es ging auch um deutlich kleinere Beträge. Außerdem hatte ich im Gegensatz zum Franzosen auf fallende Kurse spekuliert. Aber das Endergebnis ist vergleichbar. Es ging schief – und zwar grandios schief. Zunächst kam der Markt zwar tatsächlich etwas unter Druck. Der DAX fiel im Frühjahr 1993 von 1.700 auf 1.600 Punkte und ich lag mit meinen Positionen ordentlich im Gewinn. Dann aber startete völlig überraschend eine nicht mehr enden wollende Kursrallye, die den DAX innerhalb von wenigen Monaten auf weit über 2.000 Punkte in die Höhe katapultierte. Ende 1993 notierte das deutsche Leitbarometer sogar bei 2.200 Punkten – und das trotz weiterhin schlechter Wirtschaftsdaten und düsterer Prognosen. Ein Anstieg von 500 Punkten, also rund 30 Prozent, ist mit gehebelten Produkten kaum durchzustehen. Und so zog ich – natürlich viel zu spät – die Reißleine.

Mein Ausflug in die Welt der DAX-Derivate hat mich fast den Kopf gekostet, aber zumindest konnte ich einen Teil meines Kapitals retten. Zum damaligen Zeitpunkt hatte ich mir gerade eine Auszeit von meinem damaligen Studium (Wirtschaftswissenschaften in Oldenburg) genommen und bei meinem damaligen Brokerhaus in Kulmbach ein Praxissemester eingeschoben. Ursprünglich war ich dort nur Kunde, aber meine Faszination für die Finanzmärkte war so groß, dass ich unbedingt richtig in die Welt des „großen Geldes" einsteigen wollte. Innerhalb kürzester Zeit legte ich meine Brokerprüfung ab, bei der ich mich mit allen Terminmärkten intensiv beschäftigen musste – vom DAX über Staatsanleihen (US-Bonds) bis hin zu Schweinebäuchen und Weizenbusheln. Ein Bushel Weizen sind übrigens etwa 27 Kilogramm.

ROHSTOFF-TRADING IST JA SO EINFACH

Um es vorwegzunehmen: Wahrscheinlich lassen sich Commodities, also Rohstoffe, sogar besser handeln als Aktien. Aber nur unter Berücksichtigung saisonaler Trends – und auch nur, wenn man als Investor in der Lage ist, mit Extremsituationen umzugehen. Und schon sind wir mittendrin. Ich hatte nun meinen Horizont deutlich erweitert: Es gab also nicht nur Aktien,

KAPITEL ELF | ÜBER MICH, DEN DAX – UND KAFFEE MAL GANZ ANDERS

mit denen man viel Geld verdienen konnte, sondern auch Rohstoffe. Bei diesen waren und sind oft sehr lang anhaltende Trends zu beobachten. Wer etwa im Jahr 2002 sein Geld in Gold investiert hat, der kann sich bis Mitte 2011 über eine Rendite von über 400 Prozent freuen – und das völlig ohne Hebel. 1994 war der Goldmarkt allerdings vollkommen tot, zu dieser Zeit waren andere Rohstoffe gefragt. Einer davon war Kaffee. Im März 2004 lag der Preis für einen Kaffee-Kontakt (berechtigt zum Bezug von 37.500 Pfund) bei 0,80 Dollar pro Pfund. Ein historisch niedriges Niveau, wie man bei der Betrachtung von historischen Charts unschwer erkennen konnte. Ein Anstieg über 0,80 Dollar würde ein Kurspotenzial bis in den Bereich von 1,00 Dollar eröffnen. Hier ließ sich eine Menge Geld verdienen, denn schon eine Veränderung um nur einen Cent macht 375 Dollar aus. Bezogen auf das eingesetzte Kapital von rund 6.000 Dollar (die zu hinterlegende Sicherheitsleistung) entspricht ein Anstieg um 20 Cent beim Kaffeepreis einem Gewinn von über 100 Prozent. Anders ausgedrückt hatte dieses Investment also in etwa einen Hebel von 4, weil ein Anstieg des Basispreises um 25 Prozent zu einer Verdopplung des eingesetzten Kapitals führt.

Nach meinen horrenden Verlusten im DAX investierte ich also mein verbliebenes Geld in Kaffee. Das war mir auch irgendwie lieber, zumal ich jeden Tag acht bis zehn Tassen konsumierte. Und es ging gut los: Der Kaffeepreis stieg tatsächlich kräftig an und mein Ziel von 1,00 Dollar pro Pfund wurde bereits wenige Wochen später erreicht. Ich hatte mein eingesetztes Kapital verdoppelt. Wow, dachte ich, Rohstoffe lassen sich doch viel einfacher handeln als Aktien.

Mein zweiter Gedanke war: Nach so einem steilen Anstieg ist eine Korrektur mehr als überfällig. Also nicht lange fackeln und auf fallende Preise spekulieren. Gesagt, getan. Aber kaum war ich investiert, lief über die Ticker die Nachricht, dass es in Brasilien überraschend Frost gegeben habe, der große Teile der Ernte zerstört haben soll. In der Folge schnellte der Kaffeepreis auf 1,40 Dollar in die Höhe – für mich eine mittlere Katastrophe. Damit waren die Gewinne meines ersten Trades auf steigende Kurse mehr als aufgezehrt und ich musste Kapital nachschießen, um die Position weiter halten zu können. Also kratzte ich mein letztes Geld zusammen und stockte die Position sogar noch auf. Logisch, wenn ich der Meinung war, dass 1,00 Dollar schon zu teuer war, dann sind 1,40 Dollar viel zu teuer. Ein schönes Beispiel für die grandiose Missachtung der Börsenweisheit: „Werfe schlechtem Geld kein gutes hinterher." Aber ich hatte gerade ganz andere Sorgen. So schlimm wird der Frost schon nicht sein, dachte ich mir. Und tatsächlich, wenige Tage später war der Preis auf 1,20 Dollar zurückgekommen und ich war froh, meine Position ausgebaut zu haben. Das gute Gefühl währte nicht lange. Wenige Wochen später gab es Meldungen über einen erneuten Frosteinbruch in Brasilien, dem weltweit wichtigsten Anbaugebiet für Kaffee, und der Preis schnellte auf 1,90 Dollar pro Pfund in die Höhe. Ich musste weiteres Geld nachschießen, um die Position halten zu können. Ein Ausstieg kam nicht infrage, dafür war das Minus schon zu groß. Und was sollte auch schon noch passieren? Zweimal Frost hintereinander ist extrem ungewöhnlich und immerhin hatte sich der Kaffeepreis daraufhin in kürzester Zeit fast verdoppelt. Ich war mir sicher: Weiter nach oben kann es nicht gehen!

MIT KAFFEE IN DIE PLEITE

Mit dieser Einschätzung lag ich erneut weit daneben, denn kurze Zeit später schoss der Kaffeepreis nochmals kräftig in die Höhe und erreichte im Juli 2,20 Dollar pro Pfund. Auslöser war diesmal nicht ein weiterer Frosteinbruch, sondern lediglich die Meldung, dass wohl doch größere Teile der Ernte vernichtet worden seien als ursprünglich angenommen. Na prima, dachte ich mir, jetzt bestimmen also Gerüchte und Vermutungen mein Investment. Einen so starken Anstieg des Kaffeepreises in so kurzer Zeit hatte es seit 20 Jahren nicht gegeben und ich war dabei – nur leider auf der falschen Seite.

Mittlerweile hatten die aufgelaufen Verluste fast mein gesamtes Kapital aufgezehrt. In meiner Verzweiflung hatte ich mich sogar schon informiert, was Flüge nach Brasilien kosten und wo sich dort die wichtigsten Anbaugebiete befinden. Ich wollte mich einfach selbst überzeugen, wie es um die Ernte bestellt ist. Aber dazu kam es nicht mehr, weil der Kaffeepreis schon wenige

KAPITEL ELF | ÜBER MICH, DEN DAX – UND KAFFEE MAL GANZ ANDERS

ABBILDUNG 11.2 | **KAFFEEPREIS** IN US-DOLLAR PRO PFUND
ANFANG 1993 BIS ENDE 1994

Tage später auf fast 2,50 Dollar anzog und ich gezwungen war, meine Position zu liquidieren. Kurzum, ich war pleite – und zwar so richtig pleite. Nach dem Desaster im DAX hatte mich der Kaffee-Ausflug das letzte verfügbare Kapital gekostet.

Übrigens habe ich meine Kaffee-Short-Position so ziemlich in der Nähe des Allzeithochs glattgestellt. Nur wenige Monate später – im Dezember 1994 – notierte Kaffee wieder bei 1,50 Dollar pro Pfund. Die extrem gestiegenen Rohkaffeepreise hatten sich auch auf die Verkaufspreise im Supermarkt niedergeschlagen. Damals stieg der Preis für ein Pfund Kaffee auf über zwölf DM, was rund sechs Euro entspricht.

Das Kaffee-Beispiel soll vor allem zwei Dinge aufzeigen: Erstens: Es kann – egal ob bei Kaffee, bei Öl, beim DAX oder bei einzelnen Aktien – immer wieder zu extremen Kursbewegungen kommen, die niemand erwartet hat und die es vielleicht sogar noch nie gegeben hat. Und zweitens: Das Aufstocken von Verlustpositionen, auch gerne als „Verbilligen" bezeichnet, kann in extremen Märkten zum Desaster führen. Auf der anderen Seite sind es genau diese Extrembewegungen, die außerordentliche Gewinne möglich machen – vorausgesetzt, man ist in die „richtige Richtung" investiert.

KAPITEL ELF | ÜBER MICH, DEN DAX – UND KAFFEE MAL GANZ ANDERS

BULLE UND BÄR, WILD UND HUND

Es hat einige Zeit gedauert, bis mir die morgendliche Tasse Kaffee nach dem Desaster wieder geschmeckt hat und ich nicht bei jedem Schluck an die horrenden Verluste denken musste. Und es dauerte auch eine ganze Weile, bis ich wieder mit dem Handeln anfangen konnte. Abgesehen davon, dass ich komplett pleite war, war eine längere Auszeit nach dem Debakel auch sinnvoll. Ich konzentrierte mich also wieder auf meinen Broker-Job – und leider weniger auf mein Studium – und begann nebenbei einige Artikel für das damalige Börsenmagazin *Bulle & Bär* zu schreiben, dem Vorgängermagazin des *Aktionär*. *Bulle & Bär* war nur mäßig erfolgreich, was unter anderem am etwas unglücklich gewähltem Namen lag. Längst nicht alle Anleger wissen, wofür die beiden Tiere stehen, und an einigen Kiosken war das Heft nicht bei den Wirtschaftsmagazinen einsortiert, sondern zwischen *Wild und Hund* und *Mein Pferd* versteckt.

Mitte 1996 entstand schließlich die Idee, ein völlig neues Börsenmagazin auf den Markt zu bringen. Die Zeit schien reif, schließlich stand mit der Deutschen Telekom der größte Börsengang der deutschen Geschichte an. Um endlich auch für die richtige Platzierung am Kiosk zu sorgen, wurde das neue Magazin unmissverständlich *Der Aktionär* genannt. Das klingt nach einem großen Team mit vielen Redakteuren. Weit gefehlt. Die Redaktion bestand damals aus exakt zwei Personen, die Layout-Abteilung war damals sogar nur eine One-Man-Show.

Die ersten Ausgaben des *Aktionär* entstanden in vielerlei Hinsicht unter wirklich abenteuerlichen Bedingungen. Teilweise saßen wir bis nachts um zwei im Büro, um Grafiken oder Charts zu erstellen. Aber der Einsatz hat sich gelohnt. Bereits von der ersten Ausgabe wurden über 10.000 Exemplare verkauft – und das ohne einen Cent in Werbung oder Marketing investiert zu haben. Das war auch gar nicht nötig, schließlich hatte die Telekom eine gigantische Werbekampagne gestartet, die bei Millionen Deutschen ein Aktienfieber sondergleichen entfacht hatte. Also einfach das Magenta-T auf den Titel gepackt und schon griffen die neuen deutschen Aktionäre beherzt zu. Sowohl der Börsengang der Deutschen Telekom als auch der

KAPITEL ELF | ÜBER MICH, DEN DAX – UND KAFFEE MAL GANZ ANDERS

Start des *Aktionär* wurden ein voller Erfolg – und das alles von einer kleinen Stadt in Oberfranken aus. Aber diese Stadt hatte ja bereits damals einige berühmte Kinder vorzuweisen – darunter kein Geringerer als Thomas Gottschalk. Und wie der Zufall es will, trafen wir eben jenen Thomas Gottschalk wenige Wochen nach Erscheinen der ersten Ausgabe beim führenden Italiener vor Ort. Wir kamen ins Gespräch und es wurde ein lustiger, feuchtfröhlicher Abend. Wenn jemand wirklich das Prädikat „Entertainer" verdient, dann ist es Thomas Gottschalk. Es gibt nur wenige Menschen, die in der Lage sind, innerhalb kürzester Zeit die Aufmerksamkeit komplett auf sich zu ziehen – und ihre Umgebung über Stunden zu unterhalten. Darüber hinaus hatte er uns ein Interview zugesagt, obwohl er mit Aktien absolut nichts zu tun hatte.

Dennoch war es damals für uns natürlich eine tolle Sache, einen 1-a-Promi wie Thomas Gottschalk für unser kleines Börsenmagazin als Gesprächspartner gewonnen zu haben. Es sollten noch viele Prominente folgen, aber wichtiger als Prominenz war uns schon damals die Qualität der Aktienempfehlungen. Daran hat sich bis heute nichts geändert. Zwar hat sich die Zahl der Redakteure im Vergleich zu den Anfängen verzehnfacht (von zwei auf 20), aber auch heute besteht das Team aus Leuten, die mit Herzblut bei der Sache sind und die „Aktien leben". Wer beim *Aktionär* als Redakteur arbeitet, muss genau diese Eigenschaft mitbringen – daran hat sich seit Bestehen des Magazins nichts geändert. Abgesehen davon hat sich in den vergangenen 15 Jahren eine Menge getan. Aus ursprünglich fünf Mitarbeitern sind mittlerweile über 70 geworden.

Zurück zu den Anfängen: Den Anlegern bescherte die T-Aktie am ersten Handelstag einen Gewinn von knapp 20 Prozent. Sie stieg dann bekanntlich auf dem Höhepunkt des Börsenhypes noch bis auf über 100 Euro. Die Auflage des *Aktionär* entwickelte sich noch besser und erreichte zeitgleich mit dem Aktienmarkt im Frühjahr 2000 ihr Allzeithoch mit über 200.000 verkauften Exemplaren. Über die Hälfte der Auflage wurde damals am Kiosk verkauft, was in etwa den heutigen Kioskverkäufen des Nachrichtenmagazins *Focus* entspricht. Der Dotcom-Crash Ende der 90er-Jahre und die jüngste Finanzkrise haben deutliche Spuren bei der Auflage hinterlassen, aber dennoch ist der *Aktionär* weiterhin das auflagenstärkste Börsenmagazin Deutschlands.

BÖRSENDIENST-CHEF ÜBER NACHT

Ob bei meinen Aktienempfehlungen im *Aktionär* oder in meinem Börsenbrief „maydornreport", mein Ziel war es schon immer, die ganz besonderen Anlagechancen herauszufiltern, also Aktien, die über ein besonders großes Wachstums- und Kurspotenzial verfügen. Viele dieser Titel kommen aus dem Technologiebereich. Insofern war es geradezu ein Wink des Schicksals, dass wir nur wenige Monate nach dem Start des *Aktionär* einen Börsenbrief zum Kauf angeboten bekamen, der sich genau mit diesem Thema beschäftigte, den „infotech Report". Der damalige Herausgeber hatte sowohl die Lust am Schreiben als auch am Papier verloren. Sein Ziel war das „papierlose Büro", und da war ein Börsenbrief, der damals natürlich noch in gedruckter Form erschien, kontraproduktiv. Im Jahr 1997 hatten übrigens erst sieben Prozent der Deutschen einen Internetzugang und noch weitaus weniger eine E-Mail-Adresse. Ich selbst hatte mir bereits ein Jahr zuvor bei Yahoo einen E-Mail-Account eingerichtet. Seit meiner Kindheit war ich begeistert von Computern und ich kann mich noch gut daran erinnern, wie ich im Jahr 1984 auf meinem ersten Computer in der Programmiersprache BASIC kleine Programme zusammenbastelte. Es handelte sich übrigens um einen VZ 200. Er hatte 45 Gummitasten und man schloss ihn einfach an den Fernseher an. Besonders praktisch: Als Datenspeicher konnte ein herkömmlicher Kassettenrecorder verwendet werden. Der VZ 200 stellte acht (!) verschiedene Farben dar und hatte einen Arbeitsspeicher von satten 8 Kilobyte. Natürlich rüstete ich schon wenig später auf einen C64 von Commodore auf, der Ihnen wohl eher bekannt sein dürfte.

Bevor ich Sie mit der Historie meiner Computer langweile, zurück zum „infotech Report". Dieser Börsenbrief kam mir in seiner Ausrichtung entgegen, schließlich hatte er sich auf Technologie-Aktien spezialisiert. So konnte ich drei Dinge miteinander verbinden: mein Interesse für Technologie und Computer, meine Lust an der Börse und den Spaß am Schreiben. Mir war

KAPITEL ELF | ÜBER MICH, DEN DAX – UND KAFFEE MAL GANZ ANDERS

schon damals klar, was für ein gewaltiges Potenzial in der Informationstechnologie steckt und wie viel Geld sich mit den richtigen Aktien dieser Branche verdienen lassen wird. An meiner Begeisterung für aussichtsreiche Werte im Technologiebereich hat sich bis heute nichts geändert, abgesehen davon, dass sich in die ursprünglich ungetrübte – teilweise vielleicht sogar etwas leichtgläubige – Euphorie im Laufe der Jahre einige Krisen, Pleiten und Zusammenbrüche eingeschlichen haben. Doch insbesondere die zwischenzeitlichen Rückschläge haben eine Ressource anwachsen lassen, die an der Börse durch nichts zu ersetzen ist: Erfahrung.

JETZT SIND SIE DRAN

Im Laufe der mittlerweile 14 Jahre seines Bestehens hat der ursprüngliche „infotech Report" zweimal seinen Namen geändert, zunächst in „internetreport", was sich nach dem Dotcom-Crash als ein etwas unglücklicher Name erwies, und schließlich in „maydornreport". Mittlerweile wäre sicherlich auch der ursprüngliche Herausgeber zufrieden, denn seit einigen Jahren ist der „maydornreport" „papierlos" und wird ausschließlich per Internet als PDF-Datei vertrieben. An der ursprünglichen Grundidee hat sich indes wenig geändert. Es geht darum, Aktien von besonders wachstumsstarken Unternehmen vorzustellen, Firmen, die das Potenzial haben, zu den ganz Großen ihrer Branche heranzureifen und ihre Aktionäre mit außergewöhnlichen Renditen zu belohnen. Von diesen Firmen gibt es mehr als genug, insbesondere in der Technologiebranche.

Die Zeiten, in denen man Aktien über Jahrzehnte halten kann, sind jedoch vorbei. Im digitalen Zeitalter ticken die Uhren immer schneller. Was heute noch gut ist, kann bereits in wenigen Monaten völlig „out" sein. Wer zur richtigen Zeit auf die richtigen Trends setzt und dabei ein paar einfache Regeln beachtet, kann dennoch eine Menge Geld verdienen.

Ich würde mich freuen, wenn Sie einige Anregungen und Tipps aus diesem Buch in die Praxis umsetzen können, um Ihre Performance verbessern – und wenn Sie in den kommenden Jahren selbst den einen oder anderen Verdoppler im Depot haben. Vielleicht teilen Sie mir Ihre Erfahrungen bei der Jagd auf 100-Prozent-Aktien mit. Interessieren würde mich auch, ob Sie eine eigene Methode haben, mit der Sie außergewöhnliche Renditen erzielen. Eventuell findet sich sogar jemand, der es entgegen meinen Erfahrungen doch geschafft hat, mit Hebelprodukten langfristig Geld zu verdienen. Unter maydorn@boersenbuchverlag.de können Sie mir selbstverständlich auch einfach nur Ihre Meinung zu diesem Buch mitteilen.

So, ich habe fertig, jetzt sind Sie dran.

DANKSAGUNG | 100% MIT AKTIEN

Um zu verdeutlichen, dass die Reihenfolge der genannten Personen (und Unternehmen) in dieser Danksagung vollkommen beliebig ist, möchte ich mich zuallererst bei der Schweizer Firma Logitech bedanken. Der Großteil der rund 200.000 Zeichen dieses Buches ist mit einer neuen Tastatur dieses Herstellers entstanden, die sich als geradezu ideal für das von mir verwendete Vierfingersystem erwiesen hat. Zeitweise hat sie mich sogar dazu animiert, einen fünften Finger hinzuzuziehen. Dazu ist sie absolut umweltverträglich, weil sie mit Solarzellen ausgestattet ist, also trotz der drahtlosen Anbindung an den PC ohne Batterien auskommt. Außerdem haben mich die Tasten irgendwie an meinen ersten Computer, den VZ 200, erinnert. In diesem Zusammenhang möchte ich natürlich auch dem Hersteller meines ersten Gummitasten-Computers aus den 80er-Jahren danken, der Firma Video Technology Limited aus Hongkong, die es übrigens heute noch gibt. Ich hoffe nur, dass meine Maus von Microsoft jetzt nicht böse ist, dass ich mich bei ihr nicht ausdrücklich bedanke. Ehrlich gesagt wundere ich mich seit Jahren, dass Microsoft überhaupt noch Mäuse produziert, aber seit Jahrzehnten alle wirklich wichtigen Trends verschlafen hat.

Apropos schlafen, bedanken möchte ich mich auch beim Hotel Ca'n Bonico auf Mallorca, in dessen ausgesprochen angenehmen Räumlichkeiten ein großer Teil dieses Buches entstanden ist. Sollten Sie vielleicht auch einmal vorhaben, ein Buch zu schreiben, dann kann ich Ihnen dieses kleine, stilvolle und absolut ruhige Hotel im Herzen von Ses Salinas nur empfehlen.

Jetzt aber zu den Personen, die dazu beigetragen haben, dass Sie diese Zeilen überhaupt lesen. Ich weiß nicht mehr, wie oft – aber es waren gefühlte 157 Mal – mich Sebastian Grebe, der Chef der Buchabteilung bei der Börsenmedien AG, gefragt hat, ob ich nicht endlich mal ein Buch schreiben wolle. Nach jedem meiner Vorträge auf den zahlreichen Börsentagen und Messen, die wir zusammen besucht haben, nahm er mich zur Seite, um mir zu verdeutlichen, wie toll es doch wäre, wenn ich meine Ausführungen in einem Buch zusammenfassen würde und wir dieses dann direkt vor Ort verkaufen könnten. Und jedes Mal antwortete ich mit: „Ja, ja, können wir schon machen – irgendwann." Aus diesem „irgendwann" wurde schließlich doch ein konkreter Autorenvertrag, der eines Tages auf meinem Schreibtisch lag.

Also gut, dachte ich mir, es kann nicht so schwer sein, aus einem Vortrag ein Buch zu machen. Schwer nicht, aber doch zeitintensiver, als ich dachte (trotz neuer Logitech-Tastatur). Vor allem gibt es einen nicht ganz unbedeutenden Unterschied zwischen einem Vortrag und einem Buch: Beim Schreiben eines Buches bekommt man kein direktes Feedback. So habe ich es schon erlebt, dass Zuhörer während meiner Vorträge eingeschlafen sind. Nicht schön, aber zumindest habe ich es mitbekommen und hatte die Gelegenheit, sie aufzuwecken. Aber bei einem Buch? Lesen Sie noch oder schlafen Sie schon? Zugegeben, ich schlafe selbst gerne und oft beim Lesen ein – auch wenn das Buch, das ich in den Händen halte, noch so spannend sein mag. Dennoch ist die Vorstellung von schlafenden Lesern alles andere als motivierend. Umso erfreulicher war das Feedback der ersten Testleser. Hierzu zählt mein Lektor Claus Rosenkranz, der mir bereits nach der Durchsicht der ersten Kapitel mitteilte, dass ihm der lockere Schreibstil gefalle, er aber dennoch Wissen vermittelt bekommen habe. Und auch unsere Chefsekretärin Silke Proest, die als eher kritische Person bekannt ist, zeigte sich durchaus angetan von meinen Ausführungen. Bei beiden möchte ich mich für das positive Feedback bedanken, weil mir wichtig war und ist, dass auch die Menschen meine Ausführungen nachvollziehen können, die nicht ihr halbes Leben mit dem Handeln von Aktien verbracht haben.

Mein Dank gilt natürlich auch meinem Chef Bernd Förtsch, dem es gelungen ist, in einer oberfränkischen Kleinstadt wie Kulmbach mit dem *Aktionär* eines der führenden Börsenmagazine Deutschlands zu etablieren. Mittlerweile beschäftigt alleine die Börsenmedien AG über 70 Mitarbeiter. Zählt man das Deutsche Anleger Fernsehen DAF und den Online-Broker flatex hinzu, sind es sogar über 150 Beschäftigte. Und alles begann vor 15 Jahren mit gerade einmal fünf Angestellten im Dachgeschoss einer alten Villa im beschaulichen Kulmbach. Jeden Tag mögen Hunderte oder Tausende Ideen entstehen. Wichtig ist aber einzig und allein deren Umsetzung, und genau das ist in Kulmbach passiert und passiert jeden Tag aufs Neue. Aus einer fixen Idee ist innerhalb weniger Jahre eine echte Größe in der deutschen Finanzwelt entstanden – und nicht zuletzt der Buchverlag, bei dem dieses Buch erschienen ist.

Zurück zum Thema. Bedanken möchte ich mich bei der Redaktion des *Aktionär*, die während der Produktion dieses Buches meine zeitweisen Ausfälle im Tagesgeschäft bestens kompensiert hat. Auch an der Entstehung war sie unmittelbar beteiligt, insbesondere Marion Schlegel und Steffen Eidam, die die Charts für dieses Buch zusammengebastelt haben. Danken möchte ich aber auch allen anderen Redakteuren unseres Teams, die vor allem durch ihre ganz persönlichen Anmerkungen und Erfahrungen einen nicht unerheblichen Teil zu diesem Buch beigetragen haben. Vielen Dank auch an meine Freunde Uli Pfauntsch und Markus Kämpf. Unsere gemeinsamen Erlebnisse haben mich zu einigen Kapiteln inspiriert.

Ein besonderer Dank gilt Simon Bardt. Es ist wirklich eine große Hilfe, jemanden an seiner Seite zu wissen, der sowohl ein echter Profi in Sachen Vertrieb und Marketing ist, gleichzeitig aber auch über langjährige praktische Erfahrungen im Handel mit Aktien und Derivaten verfügt. Diese Kombination ist wirklich selten, umso erfreuter war ich über sein Feedback und seine Hilfe bei der Erstellung dieses Buches.

Vielen Dank auch an Johanna Wack, die unter anderem für die optische Gestaltung dieses Buches verantwortlich ist. Kein leichter Job, einen etwas in die Jahre gekommenen Börsenexperten möglichst dynamisch präsentieren zu wollen. Und vor allem nicht einfach, wenn dieser nie so wirklich zufrieden ist und ständig etwas auszusetzen hat. Doch bevor jetzt die Danksagung länger wird als das ganze Buch, noch mein Dank an diejenigen, die ich vielleicht vergessen habe.

Sie möchten wissen, auf welche Aktien ich aktuell setze?

Dann testen Sie doch einfach 4 Wochen kostenlos den maydornreport.

www.maydornreport.de

André Kostolany – Geld, das große Abenteuer

Dieses Buch ist ein Reiseführer durch das bunte Reich der Börse, in dem sich das größte Abenteuer des Geldes, die Finanzspekulation, abspielt. „Reiseleiter" Kostolany vermittelt seinen Lesern das nötige Rüstzeug, um sich nicht nur zurechtzufinden, sondern gewinnbringend zu agieren.

260 Seiten / gebunden mit SU / ISBN: 978-3-922669-39-5 / 29,90 €

Michael Moritz – Apple: Die Geburt eines Kults

Michael Moritz blickt zurück auf die Anfänge des Apple-Kults. Als Time-Redakteur bekam er bei Apple Anfang der 80er tiefere Einblicke, als sie je wieder einem Journalisten gewährt wurden. Heraus kam ein Buch, das heute zu den Klassikern der Wirtschaftsgeschichte zählt. Nun wurde es neu aufgelegt – ergänzt um ein Resümee der letzten Jahre und einen Ausblick auf die Zukunft der Kultmarke.

496 Seiten / gebunden / ISBN: 978-3-941493-74-2 / 24,90 €

S. Grebe, S. Grundmann, F. Phillipps –
Crashkurs Börse

Wie funktioniert die Börse? Was verbindet Zinsen und Aktienkurse? Wie kommen Kurse zustande? Warum funktioniert Charttechnik? Welche Kennzahlen sind wichtig? Wie und wo kann ich ein Depot eröffnen? Anleger, die sich solche und ähnliche Fragen stellen, werden in diesem kompakten und angenehm zu lesenden Grundlagenwerk fündig.

232 Seiten / broschiert / ISBN: 978-3-938350-67-6 / 17,90 €

Markus Horntrich – Crashkurs Charttechnik

Der vierte Band der „Crashkurs"-Reihe. Zunächst behandelt AKTIONÄR-Redakteur Markus Horntrich Grundlagen wie „Trend", „Unterstützung", „Widerstand", „Trendbestätigung" und „Trendumkehr". Anschließend geht er auf wichtige Indikatoren ein und arbeitet grundlegende charttechnische Formationen heraus. Ein Standardwerk für Einsteiger und Fortgeschrittene.

200 Seiten / broschiert / ISBN: 978-3-938350-57-7 / 17,90 €

Jack D. Schwager – Magier der Märkte

Die „Magier der Märkte" gehören seit Jahren zu den Standardwerken für Anleger, Trader und Spekulanten in aller Welt. In Band I legen einige der besten Trader der Welt ihre Strategien offen und vermitteln tiefe Einblicke in die Kunst des Tradings. Schauen Sie den Besten der Besten über die Schulter – Ihr Depot wird es Ihnen danken!

508 Seiten / gebunden mit SU / ISBN: 978-3-898790-81-9 / 54,90 €

Jack D. Schwager – Magier der Märkte II

In „Magier der Märkte II" spricht Jack D. Schwager einmal mehr mit den erfolgreichsten Tradern der Welt. Zusammen mit den Interviewpartnern aus Band I gibt „Magier der Märkte II – Neue Interviews mit den Top-Tradern der Finanzwelt" einen kompletten Überblick über die besten „Magier" ihrer Generation. Der Klassiker – neu aufgelegt!

568 Seiten / gebunden mit SU / ISBN: 978-3-938350-24-9 / 39,00 €